BIEN CUISINER
ET SE RÉGALER

MANUEL D'APPRENTISSAGE
DES CERCLES CULINAIRES

30 TECHNIQUES DE BASE
30 IDÉES DE RECETTES

LE B.A.-BA DE LA CUISINE

TECHNIQUES ET RECETTES
THIERRY BRYONE
CERCLE CULINAIRE DE RENNES

PHOTOGRAPHIES
CLAUDE HERLÉDAN

ÉDITIONS OUEST-FRANCE

LA BONNE RECETTE

POUR BIEN CUISINER ET SE

Le B.A.-BA de la cuisine, c'est une somme d'expériences et de constats. Voilà plus de dix ans que le Cercle Culinaire de Rennes œuvre pour redonner à la cuisine familiale ses lettres de noblesse.
En se dotant dès 1994 d'un lieu où l'on apprend la cuisine pour en faire un plaisir pour soi et pour les autres, le CIDIL anticipait le retour en grâce des pratiques culinaires.
Depuis peu, les Français s'alarment de la perte du savoir culinaire, si bien que la cuisine, un temps condamnée, redevient un sujet incontournable et un enjeu de société.
En cette période où l'obésité menace, cuisiner soi-même est vraisemblablement la première solution de bon sens pour manger sain, privilégier les produits bruts et frais, associer les bons ingrédients entre eux, choisir les modes de cuisson, doser l'apport des matières grasses (absolument nécessaires, quoi qu'on en dise !), prendre du plaisir et en offrir.
Dans ce contexte, renouer avec les pratiques culinaires, c'est non seulement faire preuve de « modernité » mais c'est aussi, et surtout, faire sien le serment d'Hippocrate : « Que ton aliment soit ton médicament. »
Chacun s'accorde à considérer qu'en définitive, il n'y a pas de mauvais aliments. Seule la dose est nuisible, dit-on, à juste titre. Ce n'est pas d'aujourd'hui puisque dès 1910, Grand-Mère Anette déclarait dans le *Code de la vie* : « Usez de tout, n'abusez de rien. » Même si la formule semble quelque peu péremptoire, elle est totalement pertinente face aux multiples dénigrements (intéressés ?) portés à certains produits comme le beurre, le sucre ou le sel. Ingrédients de base s'il en est.
A noter que si les aliments sont à dédouaner d'accusations excessives, les comportements alimentaires se trouvent directement mis sur la sellette.
La sophistication à outrance des produits agro-alimentaires et l'extrême praticité qui réduit à néant l'acte culinaire, outre l'impact sur le bien-manger voire le manger sain, ne sont pas sans conséquences sur la préservation du patrimoine alimentaire et la transmission de la culture culinaire.

LE FAMEUX SAVOIR-FAIRE

On sait que le principal frein à la cuisine familiale est la méconnaissance des tours de main, trucs et astuces des chefs : le fameux savoir-faire !
Pour les particuliers – « Marmitons du dimanche », « Bof, je me débrouille », « Cordons-bleus » et autres « Petits Toqués », « Cuisiniers en herbe » ou « Grands Gourmets », vous et moi en définitive –, ce qui prime,

AIRE PLAISIR !

c'est la notion d'apprentissage. Celle-ci doit prévaloir afin de maîtriser l'indispensable bagage technique.
Or, nous sommes trop souvent les victimes de la « culture » de la recette. Nous maîtrisons quelques recettes issues des carnets de cuisine familiaux, plats emblématiques de grand-mère Raymonde ou de tante Marie-Noëlle, ou à défaut de mets empruntés aux meilleurs copains et copines. Ces sources d'inspiration traditionnelles sont souvent enrichies par la créativité sans cesse renouvelée des restaurants que l'on fréquente de plus en plus assidûment. A défaut, la médiatisation poussée de la blanquette de veau et l'élévation au rang de star des animateurs culinaires rendent désormais accessible à tous l'hédonisme virtuel. Celui-ci influe sur les envies de cuisine et ce n'est pas le moindre de ses attraits. D'autant que l'édition culinaire, la presse spécialisée et les cours de cuisine foisonnent d'initiatives en tout genre pour confectionner les recettes les plus séduisantes qui soient afin de convaincre des bienfaits d'un retour aux fourneaux des Français de toutes générations et de toutes cultures.

DE NOUVELLES IDÉES DE RECETTES !

Certains veulent s'initier, d'autres se perfectionner ou tout simplement s'approprier de nouvelles idées de recettes, tous ont en commun la soif d'apprendre et le désir de partager. Cette volonté illustre le don de soi induit par l'acte culinaire car on cuisine rarement pour soi-même mais souvent pour les autres. Avec la ferme intention de faire plaisir. Il en est de même pour le Cercle Culinaire de Rennes. Nous poursuivons une véritable démarche citoyenne d'éducation populaire à la cuisine. Sans finalité lucrative, avec le seul souci de transmettre et de partager, nous nous imposons, en étroite collaboration avec l'Education nationale et les cinquante écoles hôtelières adhérentes au Réseau CIDIL des Cercles Culinaires Agréés, comme le leader français des cours de cuisine pour tous. Pour mener à bien cette politique d'apprentissage à la cuisine, nous concilions bonne humeur, simplicité et plaisir car ils restent les meilleurs ingrédients pour acquérir le savoir culinaire. Ce sont ces principes qui ont guidé la réalisation de ce manuel d'apprentissage des Cercles Culinaires aux Editions Ouest-France. En trente techniques de base indispensables et autant d'idées de recettes gourmandes, soit une recette pour illustrer chacune des techniques, le savoir-faire des chefs est mis à la portée de chacun.
Cet ouvrage est aussi un guide pratique organisé en cinq rubriques facilement repérables autour de la préparation des légumes, de la maîtrise des bases des fonds, jus et sauces, de la fabrication des pâtes « maison » et de la réalisation des crèmes et desserts. Chaque technique est une véritable leçon de cuisine expliquée de manière détaillée et photographiée en pas à pas. Les tours de main, trucs et astuces sont bien précisés. Avec *Le B.A.-BA de la cuisine*, issu de l'expérience du Cercle Culinaire de Rennes, jamais la cuisine familiale n'a été aussi simple et accessible à tous.

Freddy THIBURCE
Délégué Régional Ouest
CIDIL. Cercle Culinaire de Rennes
e-mail : fthiburce.cidil@cercleculinaire.fr
www.cercleculinaire.com

LA VINAIGRETTE

Mettre dans un bol une cuillerée à soupe de vinaigre, ajouter le sel pour le dissoudre (le sel ne se dissout pas dans l'huile) et le poivre. Verser trois cuillerées à soupe d'huile et bien mélanger. On peut remplacer le vinaigre par un autre acide (jus de citron) et d'autres ingrédients peuvent être ajoutés tels que la moutarde, les cornichons, l'ail, l'échalote ou les fines herbes.

LA MAYONNAISE

Dans un saladier, mettre deux jaunes d'œufs, ajouter une cuillerée à soupe de moutarde, une pincée de sel fin, une pincée de poivre blanc. Bien mélanger l'ensemble et verser l'huile au filet (goutte à goutte) en fouettant énergiquement. Il est possible d'ajouter un filet de vinaigre ou de citron ou bien encore de la crème liquide pour détendre la consistance. Elle peut être parfumée avec des herbes, des vinaigres (cidre ou xérès), des huiles (olive ou noix)...

LE CARAMEL

Mettre dans une casserole en inox à fond épais 200 g de sucre (en poudre ou en morceaux). Ajouter quatre cuillerées à soupe d'eau. Faire fondre à feu doux en mélangeant avec une cuillère, ajouter quelques gouttes de jus de citron ou de vinaigre, porter à ébullition. Lorsque l'ensemble commence à colorer, agiter la casserole pour uniformiser la couleur. Quand le caramel devient doré, verser deux cuillerées à soupe d'eau (attention aux projections). Agiter de nouveau, renouveler avec deux cuillerées à soupe d'eau et agiter.
La préparation devient fluide, le caramel durcira en refroidissant.

LES TOURS DE MAIN INDISPENSABLES

LE BEURRE CLARIFIÉ

Déposer le beurre dans un saladier et le faire fondre au bain-marie à feu doux en le plaçant sur une casserole contenant de l'eau chaude. Retirer l'écume blanche en surface à l'aide d'une écumoire ou d'une cuillère. Verser dans un bol le liquide doré sans laisser passer le petit-lait (liquide blanchâtre) qui s'est déposé au fond du récipient.
Ce beurre a la particularité de résister à des températures de cuisson élevées, c'est-à-dire qu'il ne brûle pas. Ses utilisations sont variées : cuisson des viandes, poissons, légumes, sauce hollandaise, béarnaise, mousseline.

LE BEURRE COMPOSÉ

Quelle que soit sa composition, il faut commencer à travailler le beurre en pommade (le sortir quelques heures à température ambiante), puis lui incorporer divers ingrédients selon votre choix (200 g de beurre environ pour 8 personnes).
Pour faire un beurre maître d'hôtel par exemple, mélanger les 200 g de beurre, ajouter une cuillerée à café de sel fin et une pincée de poivre, un filet de jus de citron et deux cuillerées à soupe de persil haché. Mélanger bien l'ensemble. Etaler un rectangle de papier film alimentaire, déposer le beurre composé, former un rouleau et mettre au réfrigérateur. Il accompagnera viandes et poissons grillés.
Pour un beurre de saumon, il faut 200 g de beurre pommade et 100 g de saumon fumé (idem avec des crevettes, des poivrons, des betteraves rouges, du roquefort...).

LES MATÉRIELS DE CUISINE INDISPENSABLES

- Couteaux d'office, Éminceur, filet de sole
- Économe
- Cuillère
- Fourchette
- Spatule en bois
- Spatule métallique
- Rouleau à pâtisserie
- Fouet et/ou batteur électrique
- Robot-coupe
- Pinceau
- Râpe
- Mandoline
- Passoire fine
- Ramequin
- Saladier
- Planche à découper
- Casserole à fond épais
- Poêle
- Cocotte
- Plaques de cuisson (four)
- Plats à four
- Panier perforé ou cuit-vapeur
- Boîte hermétique

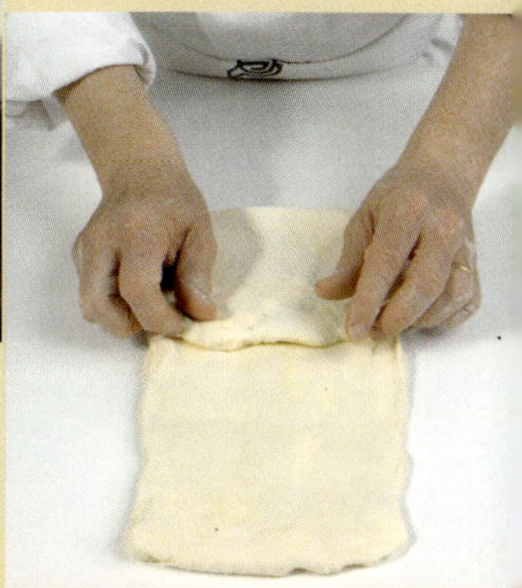

30 TECHNIQUES DE BASE

IDÉE RECETTE
P.80

SALADE TIÈDE
DE LENTILLES

Procéder à une bonne désinfection des légumes permet d'éviter la prolifération des bactéries pouvant se trouver à la surface.

TECHNIQUE 1

EPLUCHER ET LAVER LES LÉGUMES (1RE PARTIE)

EPLUCHER

Couper les feuilles, les racines, les trognons, les pieds terreux à l'aide d'un petit couteau.

LAVER

Prévoir toujours une grande quantité d'eau, il est possible d'ajouter une solution d'eau et de Javel diluée à 1 % [illegible] une solution d'eau et de vinaigre.
Rincer abondamment.
Eviter de laisser tremper trop longtemps les légumes car ils risquent de se gorger d'eau et de perdre leur valeur gustative.

LES POIREAUX

Couper les racines (1), retirer l'extrémité des feuilles vertes, ne garder que un tiers de vert pour deux tiers de blanc (2). Fendre la partie verte en quatre en la maintenant par la partie blanche (avec un couteau, fendre au milieu du poireau vers le haut et recommencer de l'autre côté (3)). Laver dans plusieurs eaux en écartant les feuilles pour éliminer la terre ou le sable (4).

LE CÉLERI BRANCHE

Couper le pied du céleri, retirer les feuilles vertes (on peut en utiliser pour un bouquet garni). Retirer les filaments des branches à l'aide d'un économe, enlever le reste en tirant sur les fils. Laver dans plusieurs eaux, égoutter.

LES CAROTTES

Couper les extrémités (5), retirer la partie verte si nécessaire. Eplucher à l'économe (6), laver plusieurs fois sous l'eau et égoutter.

LE CÉLERI-RAVE

Eplucher à l'aide d'un petit couteau pour enlever la partie filandreuse qui se trouve sous la peau. Laver dans plusieurs eaux, couper un demi-citron et citronner immédiatement pour éviter l'oxydation du céleri et le garder bien blanc.

LES OIGNONS

Retirer les deux extrémités, enlever la fine peau sans entamer la pulpe (7). Laver plusieurs fois sous l'eau (8), égoutter.

1- Retirer la racine

2- Couper le vert du poireau

3- Fendre le poireau en quatre

4- Laver dans plusieurs eaux en écartant les feuilles

5- Couper les fanes

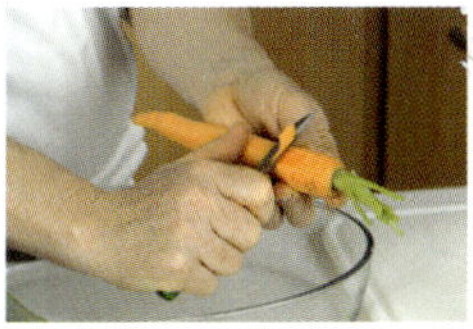
6- Eplucher avec un économe

7- Retirer les pellicules de peau

8- Laver dans plusieurs eaux

A retenir !

Pour des raisons d'hygiène, organiser votre plan de travail avec trois récipients :
1 destiné aux légumes bruts ;
1 destiné aux épluchures ;
1 destiné aux légumes épluchés.
Bien nettoyer ensuite votre plan de travail.

IDÉE RECETTE
P.74

TAPAS À LA CATALANE

TECHNIQUE 1

EPLUCHER ET LAVER LES LÉGUMES (2E PARTIE)

MONDER

C'est éplucher ou peler des légumes ou des fruits tels que des tomates ou des pêches en les plongeant quelques secondes dans de l'eau bouillante, puis en les plongeant immédiatement dans de l'eau très froide de manière à stopper la cuisson. La peau se retire alors très facilement.

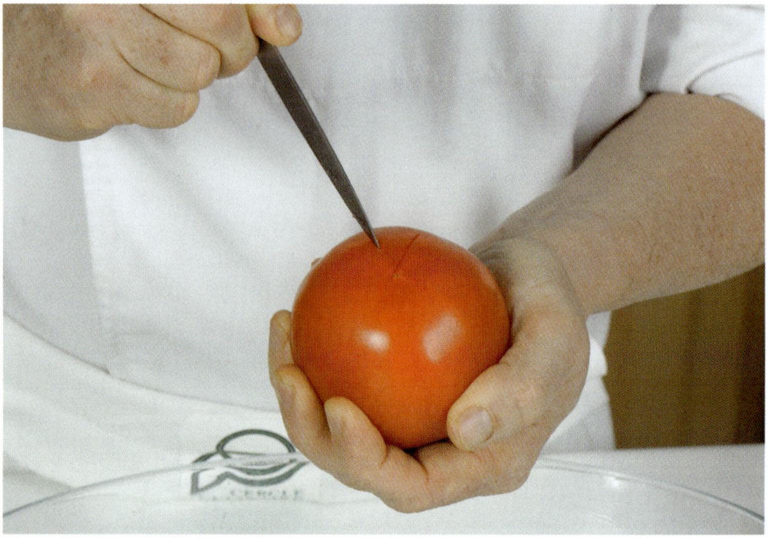

1- Inciser en croix le sommet de la tomate

LES TOMATES

Laver les tomates, retirer la queue verte, inciser en croix légèrement la peau à l'opposé du pédoncule (1). Plonger les tomates dans l'eau bouillante durant 15 à 20 s (2). Dès que la peau éclate (3), les retirer et les mettre dans un bain d'eau froide (4). Les égoutter, les peler à l'aide d'un petit couteau (5). Les couper en deux verticalement, retirer les pépins avec une petite cuillère.

2- Plonger 15 à 20 s dans l'eau bouillante

3- Lorsque la peau éclate, la retirer

4- Plonger dans l'eau glacée

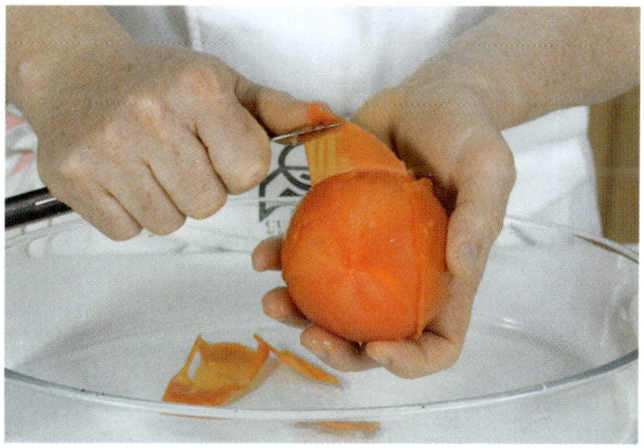

5- Peler la tomate

A retenir !

Les tomates mondées sont très faciles à éplucher et à tailler. Elles peuvent être aussi utilisées pour vos salades, des sauces tomates ou des tomates concassées.

IDÉE RECETTE
P.76

DUO
DE POISSONS
EN PAPILLOTE

TECHNIQUE 2

Facilite une cuisson rapide et permet d'obtenir une belle présentation de certaines garnitures.

TAILLER LES LÉGUMES (1RE PARTIE

ÉMINCER

Couper en tranches fines et minces (carottes, poireaux, oignons, pommes de terre, céleri branche...) : déposer les légumes sur la planche à découper, émincer perpendiculairement à l'aide d'un couteau « émninceur » ou « filet de sole ». Certains légumes peuvent être émincés avec une râpe ou un robot-coupe (carottes, pommes de terre, céleri-rave).

ÉMINCER EN SIFFLETS

Emincer légèrement en biais (carottes, poireaux).

ÉMINCER

Retirer les deux extrémités

JULIENNE

Les carottes, les poireaux, le céleri-rave... Couper les légumes en tronçons réguliers de 5 à 6 cm de longueur, les émincer finement dans le sens de la longueur si possible à l'aide d'une mandoline (râpe manuelle) pour obtenir des lamelles régulières. Superposer les lamelles, puis les émincer dans la longueur en très fins filaments.

Couper en deux verticalement

Emincer finement en tranches

A retenir!

Utiliser un matériel approprié (planche, couteau éminceur, couteau filet de sole, mandoline). Couper l'oignon (ou l'échalote) avec un couteau permet de préserver tous les pouvoirs aromatiques qu'il renferme.

JULIENNE

Tailler à la même longueur les blancs des poireaux

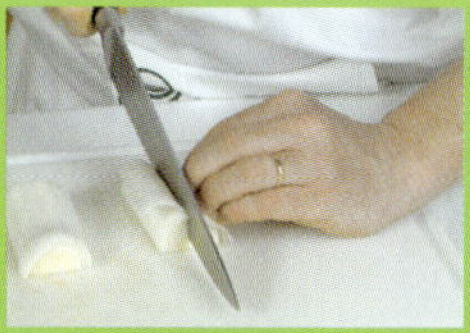
Ouvrir le tronçon sur la longueur

Aplatir les tronçons et maintenir en couches superposées

Emincer finement en julienne

IDÉE RECETTE P.76

DUO DE POISSONS EN PAPILLOTE

TECHNIQUE 2

TAILLER LES LÉGUMES (2E PARTIE)

CISELER

Couper en petits dés (oignons, échalotes) : partager l'oignon ou l'échalote en deux dans le sens vertical. Emincer finement le demi-oignon ou l'échalote avec la pointe d'un couteau, s'arrêter à quelques millimètres du talon (cela permet de maintenir le légume dans son ensemble pour la suite). Tourner l'oignon (ou l'échalote) d'un quart de tour, bien le maintenir avec les doigts puis l'émincer horizontalement sans aller jusqu'à l'extrémité. Bien maintenir le légume et émincer à nouveau dans le sens vertical pour obtenir de petits dés.

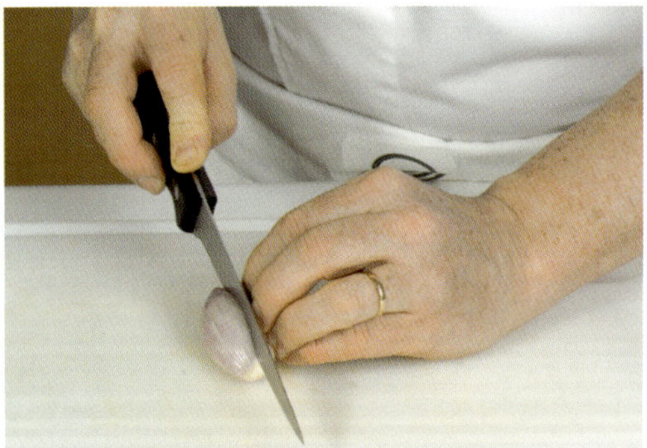

Couper en deux verticalement

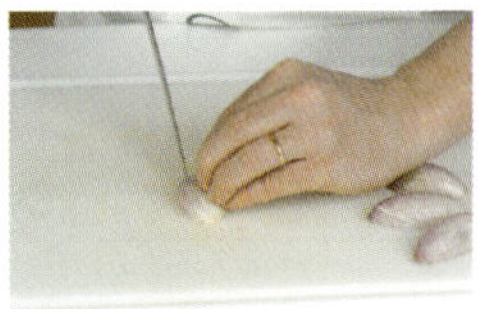

Emincer régulièrement et finement sans aller jusqu'au talon

Tourner l'échalote d'un quart de tour, émincer horizontalement

Emincer verticalement pour obtenir des petits dés

TAILLER EN DÉS

Petits carrés de 5 mm à 1 cm.

DÉS DE CAROTTES

Tailler la carotte en tronçons réguliers

Tailler en tranches régulières de 3 à 4 mm d'épaisseur

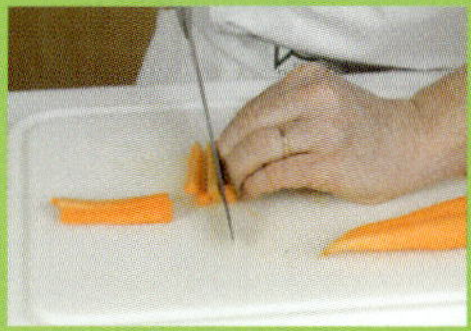
Tailler en bâtonnets réguliers

Tailler en dés réguliers

DÉS DE TOMATES

Tailler en lamelles puis en dés

A retenir!

Bien identifier les différents taillages:

A- Emincer
B- Ciseler
C- Tailler en dés
D- Julienne

IDÉE RECETTE
P.78

CABILLAUD RÔTI
À L'ANDOUILLE

TECHNIQUE 3

Permet d'atténuer l'âcreté des légumes (odeur trop forte de certains légumes) et de fixer la chlorophylle (préserve la couleur verte du légume).

BLANCHIR LES LÉGUMES

Plonger les feuilles de choux préalablement lavées dans l'eau bouillante salée

Cuire 2 à 3 minutes

COMMENT FAIRE ?

Plonger les légumes dans de l'eau bouillante quelques minutes, les égoutter et les déposer dans un récipient d'eau froide. Il faut presser certains légumes, du type épinards, choux verts, avec la paume des mains pour extraire un maximum d'eau.

Refroidir dans l'eau glacée

Les sortir de l'eau, les essorer en pressant légèrement

A retenir !

Les légumes racines (tels que les carottes), les pommes de terre et les légumes doivent être recouverts d'eau froide au départ puis l'eau sera portée à ébullition quelques minutes. Continuer la recette en fonction du produit.
Après la cuisson des légumes verts, il est souhaitable d'ajouter des glaçons dans l'eau froide pour fixer la couleur verte (chlorophylle).

Mettre à égoutter sur du papier absorbant

IDÉE RECETTE
P.80

SALADE TIÈDE DE LENTILLES

TECHNIQUE 4

Suer sert à éliminer l'eau de végétation d'un légume en le chauffant doucement dans un corps gras pour concentrer les saveurs.

SUER LES LÉGUMES

COMMENT FAIRE ?

Faire fondre le beurre dans une casserole (1), ajouter les légumes préalablement taillés (2) et les faire suer quelques minutes jusqu'à ce qu'ils deviennent translucides. Eviter toute coloration (3).

1- Faire fondre le beurre à feu doux

A retenir !
Cuisson à feu doux qui permet d'éviter toute coloration, notamment des oignons et des échalotes.

2- Incorporer la julienne de poireau

3- Mélanger l'ensemble et cuire 2 à 3 minutes sans coloration

IDÉE RECETTE
P.82

ASPERGES ET POIVRONS, CRÈME ACIDULÉE

TECHNIQUE 5

Cette technique assure la cuisson des légumes en préservant leurs qualités gustatives et esthétiques.

CUIRE À L'ANGLAISE

LÉGUMES FRAIS ET SURGELÉS

A retenir !

L'eau doit être toujours à ébullition quand vient le moment d'y plonger les légumes.
15 g de gros sel au litre d'eau, sauf pour les légumes racines tels que les carottes, les pommes de terre que l'on plonge dans l'eau froide avant de porter lentement à ébullition.

1- Porter l'eau à ébullition et saler au gros sel

2- Plonger les haricots verts, attendre la reprise de l'ébullition et cuire 10 à 15 min

3- Refroidir dans l'eau glacée

COMMENT FAIRE ?

Laver les légumes dans plusieurs eaux. Porter à ébullition une grande quantité d'eau salée (15 g/l) (1). Déposer les légumes en une seule fois (2). Le temps de cuisson varie en fonction des légumes, vérifier l'appoint de cuisson (soit en goûtant ou en les piquant avec une pointe de couteau).

1RE MÉTHODE :
Rafraîchir ensuite les légumes dans de l'eau glacée (3) et les égoutter, réchauffer dans une casserole d'eau salée, puis égoutter, ou mettre au four à température douce (150 °C). Ajouter ensuite des noisettes de beurre.

2E MÉTHODE :
Ne pas rafraîchir après cuisson, égoutter puis servir avec des noisettes de beurre.

IDÉE RECETTE
P.84

LOTTE
AUX LARD
ET BEAUFORT

TECHNIQUE 6

Permet de conserver les arômes naturels des légumes en les faisant cuire lentement, à couvert, dans leur eau de végétation, avec très peu de matières grasses

ÉTUVER LES LÉGUMES (OU CUIRE À L'ÉTOUFFÉE)

1- Faire fondre le beurre à feu doux

2- Déposer les feuilles de choux, ajouter si besoin un fond d'eau

COMMENT FAIRE ?

Faire fondre le beurre dans la cocotte (1), ajouter les légumes préalablement lavés et taillés (2). Cuire à couvert (avec un couvercle) (3) et à feu doux afin d'éviter toute coloration. Retirer et servir (4).

3- Cuire à couvert 5 min

4- Retirer et servir

A retenir !

Il est possible d'ajouter un petit fond d'eau pour certains légumes mais non pour les champignons et les courgettes puisqu'ils rendent assez d'eau de végétation.

IDÉE RECETTE
P.86

POULET
AUX
QUATRE-ÉPICES

TECHNIQUE 7

Utile pour la cuisson du riz pilaf et l'élaboration de sauces ou encore des ragoûts blancs. Permet aux aliments de s'imprégner des saveurs du fond blanc. Occupe une place très importante dans les plats cuisinés car il les met en valeur sur le plan gustatif.

FOND BLANC DE VOLAILLE

INGRÉDIENTS

POUR 4 PERSONNES

INGRÉDIENTS POUR 1 L DE FOND :
1 kg d'os,
d'abattis de volaille

LA GARNITURE AROMATIQUE :
100 g de carottes,
100 g d'oignons,
200 g de blancs de poireaux,
80 g de céleri branche,
1 bouquet garni,
1,5 l d'eau

COMMENT FAIRE ?

Les ingrédients pour le fond de volaille

Concasser les os et abattis de volaille (cou, aileron...). Préparer les légumes (éplucher, laver, tailler en dés, cf. Technique 2, p. 16-17 et 18-19). Mettre dans un récipient les os et abattis (1), recouvrir d'eau froide, porter à ébullition, laisser frémir quelques minutes, écumer (retirer à l'aide d'une écumoire la mousse et les impuretés) (2), égoutter, rafraîchir. Replacer les os et abattis dans la cocotte, recouvrir d'eau froide, porter à ébullition, écumer. Ajouter les légumes (3), le bouquet garni, cuire à faible ébullition pendant 1 h 45. Retirer l'écume et la graisse en surface, passer le fond au travers d'une passoire fine (4).
Pour obtenir un fond brun, il faut faire revenir les os et les abattis de volaille concassés dans la matière grasse et les colorer.

1- Déposer la carcasse et les os. Recouvrir d'eau froide

2- Retirer l'écume en surface

3- Ajouter la garniture aromatique

4- Filtrer le fond de volaille à travers une passoire fine

Le fond de volaille avant son utilisation

A retenir !

A priori, un fond ne se sale pas. On peut le faire mais très légèrement. Du poivre en grains peut être ajouté quelques minutes avant la fin de cuisson.
Bien refroidir le fond après cuisson en plaçant le récipient dans de l'eau glacée, mélanger de temps en temps.
Le conserver à une température de + 3 °C, pendant environ 24 heures au maximum.
La même recette est réalisable avec des os et parures maigres de veau.
Il est possible de congeler le fond de volaille après refroidissement.

IDÉE RECETTE
P.88

EMINCÉ DE ROGNONS DE VEAU

TECHNIQUE 8

Ce jus sert à l'élaboration de sauces brunes pour des plats de types bourguignon, marengo, navarin, côtes de veau...

JUS DE VEAU

INGRÉDIENTS

POUR 4 PERSONNES

INGRÉDIENTS POUR 1 L DE JUS :
1 kg d'os de veau, de parures maigres à demander à votre boucher.

LA GARNITURE AROMATIQUE :
100 g de carottes,
100 g d'oignons,
1/2 poireau,
5 gousses d'ail,
1 bouquet garni (queue de persil, thym, laurier),
1,5 l d'eau,
3 cuillerées à soupe d'huile

COMMENT FAIRE ?

Les ingrédients du jus de veau

Dégraisser les parures de veau.
Concasser les os, préparer les légumes (éplucher, laver, tailler en dés, cf. Technique 2, p. 16-17 et 18-19).
Au four ou dans une cocotte avec un peu de matière grasse, donner une légère coloration aux os (1). Préparer un bouquet garni avec du thym, du laurier et des queues de persil entourés d'une ficelle à cuisine. Ajouter les légumes sur les os (2), faire suer pendant 10 min (3). Verser l'eau froide à hauteur de la préparation (4), porter à ébullition, écumer (5). Ajouter le bouquet garni puis monter à petite ébullition et la maintenir 1 h 30 à 2 h. Passer au travers d'une passoire fine (6).

1- Faire colorer les os dans la matière grasse

2- Ajouter les légumes

3- Faire suer l'ensemble 10 minutes

4- Verser l'eau à hauteur des os et des légumes

5- Porter à ébullition et retirer l'écume en surface

6- Filtrer à l'aide d'une passoire fine

Le jus de veau est prêt à accompagner vos plats

A retenir !

Utiliser des produits très frais [os, légumes].
Bien refroidir le jus après cuisson en plaçant le récipient dans de l'eau glacée, mélanger de temps en temps.
Peut être conservé à une température de + 3 °C pendant 24 heures environ au maximum. Pour plus de commodité, le jus de veau peut être surgelé.

IDÉE RECETTE
P.90

SAINT-JACQUES AU CURRY

TECHNIQUE 9

Le fumet est une base pour de nombreuses sauces obtenues par réduction où toutes les saveurs sontconcentrées.

FUMET DE POISSON

INGRÉDIENTS

POUR 4 PERSONNES

INGRÉDIENTS POUR 1 L DE FUMET :
600 g d'arêtes et de parures,
40 g de beurre,
10 cl de vin blanc (facultatif),
1,2 l d'eau

LA GARNITURE AROMATIQUE :
2 échalotes,
1 oignon,
1/2 carotte (facultatif),
1 bouquet garni,
1 blanc de poireau

COMMENT FAIRE ?

Retirer les ouïes des têtes, laver soigneusement les arêtes et parures de poissons. Les mettre à tremper dans l'eau froide 30 min, égoutter. Eplucher et laver les légumes, émincer les oignons et les échalotes (cf. Technique 2, p. 16-17). Tailler les carottes en dés, attacher le bouquet garni. Faire suer au beurre les légumes (1) (cf. Technique 4, p. 22), ajouter les arêtes (2) et parures, les faire suer également, ajouter l'eau froide à hauteur (3) puis le bouquet garni. Porter à ébullition, laisser frémir pendant 20 à 25 min (4). Ecumer (5), filtrer au travers d'une passoire fine (6). Refroidir et mettre au réfrigérateur.

Les ingrédients du fumet de poisson

1- Faire suer les légumes dans le beurre

2- Ajouter les arêtes de poisson quelques minutes

3- Verser l'eau à hauteur des légumes et des arêtes

4- Porter à ébullition, cuire 20 min à faible ébullition

5- Retirer l'écume en surface

6- Filtrer le fumet à travers une passoire fine

A retenir !

Les fumets de poissons réalisés à base d'arêtes de sole, turbot, barbue sont très goûtés et plus gélatineux. Ils peuvent également se faire avec les barbes des coquilles Saint-Jacques (petites collerettes roses et légèrement frisées).
Une cuisson prolongée ou trop rapide peut troubler le fumet.

Le fumet avant son utilisation

IDÉE RECETTE
P.92

CARRÉ D'AGNEAU RÔTI, MARMELADE D'OIGNONS ET DE POIVRONS

TECHNIQUE 10

C'est l'accompagnement d'une viande ou d'un poisson qui permet une dégustation agréable et goûteuse. Rapide à réaliser.

JUS DE ROTI

COMMENT FAIRE ?

Préparer la garniture aromatique (éplucher, laver, et tailler les légumes en dés, cf. Technique 2, p. 16-17 et 18-19).
Sortir la viande du four (1), s'assurer de la cuisson. Le jus qui s'écoule à l'intérieur (carré d'agneau, poulet, pintade, ...) doit être limpide et non sanguinolent. Sortir la viande du plat et la protéger d'un papier aluminium avant de la remettre au chaud dans le four.
Ajouter la garniture aromatique dans le premier plat de cuisson et faire colorer légèrement, retirer l'excédent de graisse. Ajouter l'eau pour déglacer les sucs de cuisson, éventuellement une feuille de laurier, une brindille de thym (2). Porter à ébullition, laisser réduire de moitié environ (3). Assaisonner, passer au travers d'une passoire fine, réserver au chaud dans un bain-marie.

INGRÉDIENTS

POUR 4 PERSONNES

INGRÉDIENTS GARNITURE AROMATIQUE :
1/2 carotte,
1/2 oignon,
1 brindille de thym,
1 feuille de laurier,
25 cl d'eau

1- Le carré d'agneau sort du four

2- Déglacer les sucs de cuisson avec l'eau ou le vin blanc

A retenir !

Pour un jus d'agneau, il faut ajouter une ou deux gousses d'ail.

Il est possible de mettre les parures de viandes ou abattis de volailles dans le plat à rôtir, puis de placer dessus la pièce de viande ou volaille.

3- Faire réduire afin de concentrer les saveurs

IDÉE RECETTE
P.94

CHOUCROUTE
DE LA MER

TECHNIQUE 11

Un classique incontournable qui sert à l'accompagnement des poissons, légumes et marque un plat en terme de saveur.

BEURRE BLANC

INGRÉDIENTS

POUR 4 PERSONNES
3 échalotes grises,
5 cl de vin blanc sec,
5 cl de vinaigre de vin blanc ou de cidre,
2 cuillerées à soupe de crème fraîche (facultatif),
100 g de beurre,
sel fin et poivre blanc

COMMENT FAIRE ?

Eplucher, ciseler les échalotes (cf. Technique 2, p. 18-19), les réunir dans une casserole à fond épais, ajouter le vin blanc, le vinaigre, porter à ébullition puis laisser évaporer lentement (1).
Dès qu'il reste la valeur d'une cuillerée à soupe, arrêter la cuisson.
Incorporer progressivement le beurre en petits morceaux sur un feu très doux (2).
Ensuite, fouetter jusqu'à ce que la sauce devienne onctueuse (3) et assaisonner.
Il est possible d'ajouter de la crème fraîche. Il faut attendre l'évaporation des liquides (vin blanc et vinaigre) avant de l'incorporer. Le beurre blanc peut être filtré si vous ne voulez pas trouver les morceaux d'échalotes.

Les ingrédients du beurre blanc

1- Faire réduire l'ensemble jusqu'à ce qu'il reste la valeur d'une cuillerée à soupe de liquide

A retenir !

Les sauces de type beurre blanc se font à partir d'une réduction (échalotes, vin blanc, vinaigre) et de beurre froid coupé en petits morceaux avec la possibilité d'ajouter un peu de crème pour donner plus d'onctuosité et de stabilité.

2- Incorporer progressivement le beurre coupé en morceaux

3- Le beurre blanc devient onctueux, prêt à servir

IDÉE RECETTE
P.96

FILETS DE CABILLAUD, ASPERGES VERTES ET SAUCE HOLLANDAISE

TECHNIQUE 12

C'est une sauce émulsionnée, semi-coagulée à base de jaunes d'œufs et de beurre clarifié qui apporte onctuosité et saveurs sur les poissons et certains légumes.

SAUCE HOLLANDAISE

INGRÉDIENTS

POUR 4 PERSONNES
4 jaunes d'œufs,
250 g de beurre,
2 cuillerées à soupe d'eau froide,
2 cuillerées à soupe de jus de citron,
sel fin et poivre blanc

COMMENT FAIRE ?

Réaliser un beurre clarifié (beurre fondu avec élimination du petit-lait et de la caséine) en faisant fondre le beurre doucement à feu doux ou au bain-marie.
Retirer l'écume en surface (1) et prélever le beurre fondu sans prendre le petit-lait qui s'est déposé au fond de la casserole (2).
Séparer les jaunes des blancs (3), déposer les jaunes dans une casserole inox à fond épais, ajouter l'eau froide (4).
Mettre sur feu doux et battre énergiquement en forme de 8 à l'aide d'un fouet (5).
La préparation doit augmenter de volume et prendre une consistance onctueuse (6).
On doit apercevoir le fond de la casserole.
Retirer ensuite du feu, incorporer progressivement le beurre clarifié en mélangeant (7), assaisonner et incorporer le jus de citron (8).

Les ingrédients de la sauce hollandaise

1- Faire fondre le beurre au bain-marie et retirer l'écume blanche en surface

2- Prélever le beurre fondu

3- Clarifier les œufs

4- Mélanger les jaunes et l'eau

5- Fouetter énergiquement à feu doux

6- Lorsque la préparation devient onctueuse et crémeuse : arrêter

7- Ajouter le beurre fondu en mélangeant

8- Terminer par le jus de citron et assaisonner

A retenir !

Fouetter à une température douce jusqu'à ce que le mélange devienne homogène, ajouter le beurre clarifié.
Incorporer les herbes ou la crème fouettée selon le type de sauce. La température ne doit pas excéder 65 °C.
Il est possible de réaliser ce type de sauce au bain-marie (prendre une casserole d'eau tiède, placer un récipient adapté dedans) et fouetter en faisant un mouvement en forme de 8.

IDÉE RECETTE
P.98

ŒUFS FARCIS CHIMAY

TECHNIQUE 13

La sauce Béchamel est la base d'une multitude de recettes à réaliser au quotidien telles que les endives au jambon, le gratin de chou-fleur, les bouchées à la reine...

SAUCE BÉCHAMEL

INGRÉDIENTS

POUR 4 PERSONNES
50 cl de lait entier,
30 g de beurre,
30 g de farine,
sel, poivre blanc ou piment de Cayenne,
noix de muscade

COMMENT FAIRE ?

Préparer le roux blanc
Faire fondre le beurre dans une casserole à fond épais, ajouter la farine dès que le beurre est fondu, mélanger à l'aide d'une spatule de façon à obtenir un mélange lisse et homogène (1). Cuire le « roux » à feu doux tout en remuant, la préparation devient mousseuse et blanchit légèrement (2). Laisser refroidir.
Dans une autre casserole, porter le lait à ébullition, verser progressivement sur le roux froid, mélanger à l'aide d'un fouet (3), assaisonner et porter à ébullition. Laisser bouillir pendant 5 min tout en mélangeant (4).

Les ingrédients de la sauce Béchamel

1- Faire fondre le beurre à feu doux et ajouter la farine pour obtenir le roux blanc

2- Cuire quelques minutes en mélangeant jusqu'à ce que la préparation devienne mousseuse et blanchâtre. Laisser refroidir

3- Verser le lait chaud sur le roux refroidi, mélanger

A retenir !

1re méthode : laisser refroidir le roux blanc avant de verser progressivement le lait chaud pour éviter la formation de grumeaux.
2e méthode : verser le lait froid progressivement sur le roux chaud (cette méthode est un peu plus longue à cuire).

4- Cuire et laisser bouillir 5 min en mélangeant sans arrêt et assaisonner

IDÉE RECETTE
P.100

BLANQUETTE
DE VEAU
À L'ANCIENNE

TECHNIQUE 14

Le pochage est un mode de cuisson qui conserve le moelleux des aliments.

POCHER

DÉPART À FROID

Essentiellement pour les viandes qui perdent leurs sucs (concentration des arômes de la viande), donc un peu de saveur et de moelleux, et parfument ainsi le liquide.

DÉPART À CHAUD

Plongé dans le liquide déjà frémissant, l'aliment est saisi immédiatement. Il en garde ses sucs et sa saveur. Le liquide est alors moins aromatisé. Convient aux légumes verts, pâtes fraîches et œufs pochés.

POCHER AU LAIT UN FILET DE POISSON

Verser 25 cl d'eau froide et 25 cl de lait chaud, ajouter des rondelles de citron, saler si nécessaire (sauf si poisson fumé, haddock...), ajouter les filets de poisson et monter progressivement jusqu'à frémissement, maintenir doucement la cuisson à feu doux sans jamais atteindre l'ébullition. Ecumer si nécessaire. Egoutter soigneusement les filets de poisson puis les accommoder d'une sauce (ex. : beurre blanc à la ciboulette).

ŒUF POCHÉ DÉPART À CHAUD

Œuf poché départ à chaud : faire chauffer de l'eau à la limite de l'ébullition, verser une cuillerée à soupe de vinaigre blanc (1). Ensuite casser un œuf dans un ramequin (2) et le plonger délicatement dans l'eau frémissante (3). Réduire l'intensité du feu et laisser pocher 2 à 3 minutes selon le calibre des œufs (seul le blanc doit être coagulé, le jaune doit rester crémeux)(4). Retirer l'oeuf(5). Egoutter sur du papier absorbant (6).

1- Mettre de l'eau additionnée d'un peu de vinaigre blanc à frémir

2- Casser l'œuf dans un ramequin

3- Verser l'œuf très délicatement dans l'eau toujours frémissante

4- A l'aide d'une écumoire, rabattre le blanc d'œuf vers le centre du jaune pendant 2 min environ

Mettre le haddock à dessaler dans le lait, la veille, au réfrigérateur

Faire chauffer le lait à la limite de l'ébullition, ajouter de l'eau froide, des rondelles de citron puis le haddock. Le pocher selon l'épaisseur

Sortir le poisson poché

Egoutter sur un papier absorbant avant de servir

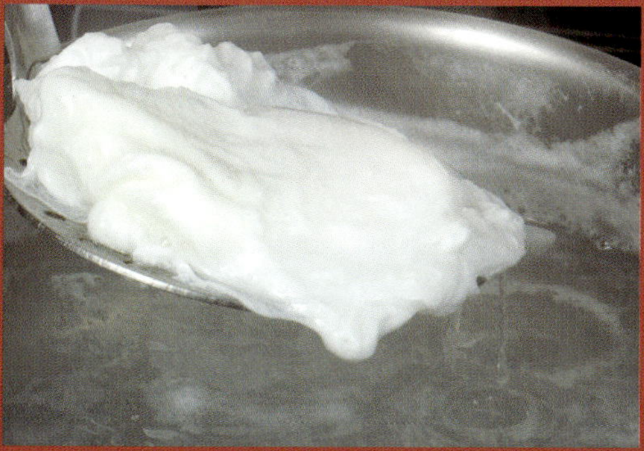

5- Retirer l'œuf

6- Le déposer sur du papier absorbant

A retenir !

La cuisson pochée se fait avec du lait, de l'eau ou du bouillon. Le liquide peut être froid ou chaud au départ.

IDÉE RECETTE
P.102

CUISSES DE LAPEREAUX BRAISÉES

TECHNIQUE 15

Permet, sous l'action d'une cuisson longue et douce, d'obtenir un ingrédient (viande, poisson ou légume) moelleux et tendre à souhait.

BRAISER

COMMENT FAIRE ?

Braiser, c'est cuire à couvert, à feu doux, sur une plaque ou au four, des ingrédients tels que viandes, volailles ou légumes pour des recettes dites de cuisson longue.
Ainsi les sucs (concentration des arômes de la viande) rendus par le rissolage (faire revenir à feu doux pour atteindre une légère coloration) de la viande se libèrent par le mouillement (rajout d'un liquide), ce qui donne une sauce onctueuse, brillante et pleine de saveurs.

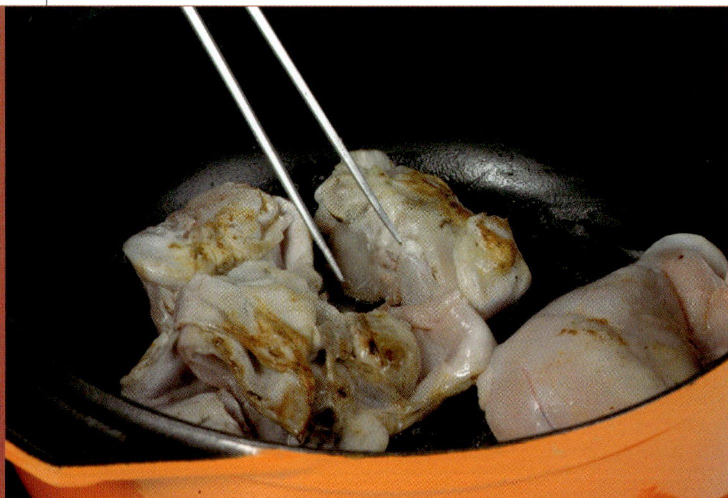

Faire revenir dans le beurre en donnant une légère coloration

Ajouter la garniture aromatique

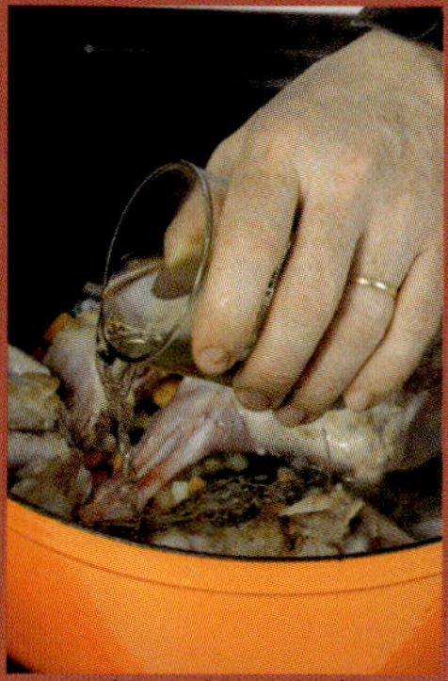

Verser le vin blanc et le faire réduire pour atténuer l'acidité

Mouiller avec le porto et l'armagnac

Cuire à couvert au four ou sur une plaque

A retenir !

Une viande braisée est souvent marinée et piquée de lard frais.
Pour un légume, la cuisson braisée est réalisée avec très peu de liquide (eau, fond blanc…).
Pour un poisson, elle se fait aussi avec peu de liquide (court-bouillon ou fumet de poisson).

IDÉE RECETTE P. 104

PINTADE RÔTIE AUX FRUITS DU MENDIANT

TECHNIQUE 16

Les morceaux sont saisis en début de cuisson, cela produit une fine croûte et une légère caramélisation, source de bonne jutosité et de préservation de la saveur de l'aliment.

RÔTIR

COMMENT FAIRE ?

Rôtir c'est cuire une viande (bœuf, agneau, veau, porc, volaille) ou un poisson au four préchauffé préalablement à 230 °C (th. 8), puis le thermostat est abaissé à 180-200 °C au moment où on enfourne.
Arroser fréquemment la viande durant la cuisson.
Retourner les viandes sans les piquer.
Pour un rôti de bœuf : placer le morceau de viande dans un plat adapté à la taille de ce dernier. Préchauffer le four à 220-230 °C (th. 8). Ajouter quelques morceaux de beurre, un trait d'huile. Saler, poivrer la viande et saisir au four très chaud pendant 10 min en la retournant. Baisser le four à 200 °C pour finir la cuisson (20 à 30 min en tout pour un kilo de rosbif).

Placer la volaille dans un plat adapté. Assaisonner, ajouter un morceau de beurre

Tourner la volaille sur l'autre côté

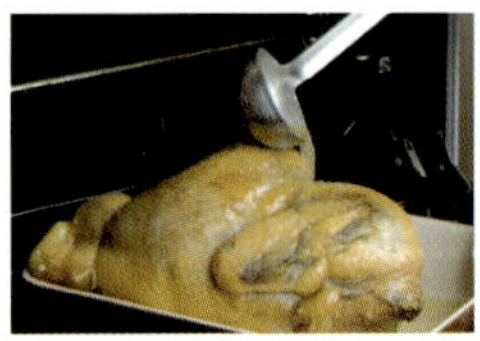

Arroser avec le jus de cuisson

La volaille est prête à être découpée

TEMPS DE CUISSON

Un poulet de 1,2 kg : 50 à 60 min
Un gigot d'agneau : 15 à 20 min par livre (1 livre = 500 g)
Un rôti de bœuf : 10 min par livre

A retenir !

Pour les pommes de terre et les légumes secs, les recouvrir d'eau froide au départ puis porter à ébullition quelques minutes.

Cuisson rapide qui permet d'apporter une belle coloration et de fixer le goût par l'apport d'un corps gras.

TECHNIQUE 17

IDÉE RECETTE
P.106

PIÈCE DE BŒUF À LA DIJONNAISE

SAUTER

COMMENT FAIRE ?

Sauter, c'est cuire des légumes, des petites pièces de viande ou des poissons à feu vif avec de la matière grasse, à découvert et sans liquide des légumes.
Ce mode de cuisson permet d'obtenir un jus par l'ajout d'un liquide (eau, vin ou alcool) pour décoller les sucs de cuisson attachés au fond du récipient (déglaçage).
Il faut ensuite laisser réduire et ajouter une noix de beurre pour lier la préparation. Pour obtenir une sauce, faire comme ci-dessus mais, après le déglaçage, verser un fond de veau ou un fumet, laisser réduire et ajouter de la crème ou du beurre de manière à amener liaison et onctuosité.

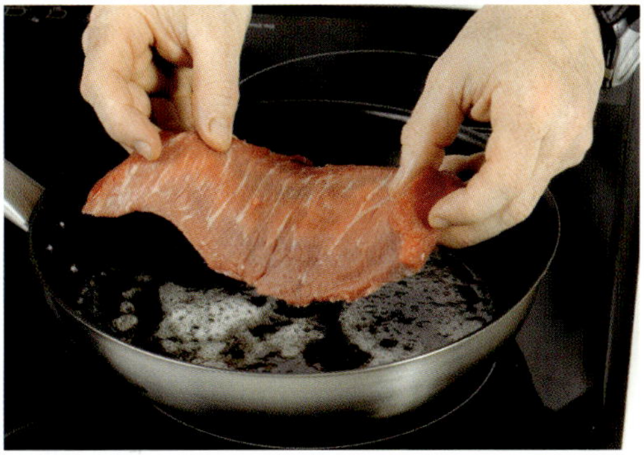

Faire fondre le beurre, lorsqu'il devient mousseux, déposer la viande

Saisir dans le beurre et cuire selon l'appoint de cuisson souhaité

A retenir !

Sortir la viande du réfrigérateur 30 à 40 min avant de la cuire, le fait de la mettre à l'air lui permet de mieux exprimer ses saveurs et de détendre les chairs.

IDÉE RECETTE
P. 108

FLAN D'ASPERGES VERTES

TECHNIQUE 18

La cuisson vapeur est un mode de cuisson particulièrement diététique, facile à mettre en œuvre. Elle conserve les sels minéraux et les vitamines et préserve la saveur naturelle des aliments.

CUIRE À LA VAPEUR

COMMENT FAIRE ?

Il existe deux procédés classiques, en cuit-vapeur ou en papillote.

EN CUIT-VAPEUR

Le premier procédé consiste à verser un liquide plus ou moins aromatisé (eau, bouillon, fumet, alcool/cidre) à hauteur d'un quart du récipient, puis à placer l'aliment dans un panier perforé ou dans un cuit-vapeur électrique (ajouter de l'eau seulement jusqu'au niveau indiqué). En aucun cas, l'aliment ne doit être en contact avec le liquide. Cuire à couvert à feu plutôt doux.

EN PAPILLOTE

Le second procédé consiste à envelopper les aliments dans un papier aluminium ou spécial cuisson (sulfurisé) et à refermer celui-ci hermétiquement. Il est possible d'ajouter un peu de crème froide, une noix de beurre... et de mettre au four à 200 °C (th. 6-7).

Faire chauffer l'eau dans le cuit-vapeur

A retenir !

Ce mode de cuisson fait fondre la graisse des viandes.
Aux légumes, il apporte des textures fermes et craquantes.
Aux poissons, il conserve une chair ferme et naturelle.

Placer les asperges, couvrir

Vérifier la cuisson en piquant avec la pointe d'un couteau

IDÉE RECETTE
P. 110

TARTE CARAMÉLISÉE AUX FRUITS

TECHNIQUE 19

Une technique de pâte feuilletée très rapide à réaliser et sans difficulté !

PÂTE FEUILLETÉE MINUTE

INGRÉDIENTS

POUR 8 PERSONNES
125 g d'eau,
200 g de farine T 45,
250 g de beurre,
5 g de sel

COMMENT FAIRE ?

Peser tous les ingrédients.
Mettre un saladier dans le réfrigérateur.
Couper le beurre en morceaux.
Tamiser la farine dans le saladier frais, mélanger la farine, l'eau et le sel. Ajouter le beurre, malaxer. Laisser reposer au froid 20 min puis donner les quatre tours en prévoyant entre chaque tour 15 min de repos. Renouveler l'opération avant de mettre la pâte à reposer au réfrigérateur avec un film plastique. Penser à la sortir 30 min avant utilisation.

Ingrédients de la pâte feuilletée

Tamiser la farine

Verser l'eau sur la farine additionnée du sel

Ajouter le beurre froid coupé en morceaux

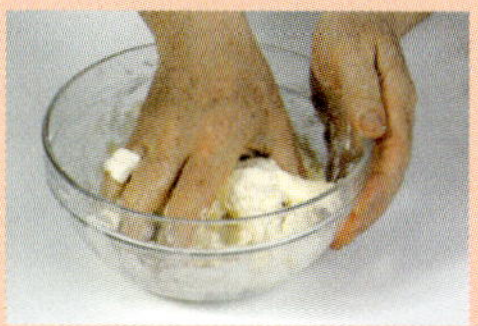
Malaxer l'ensemble

Façonner une boule

Mettre au frais 20 min à l'abri d'un film alimentaire

Etaler en allongeant de façon à obtenir un rectangle

Plier en amenant le bas vers le centre puis le haut vers le centre

La pâte est pliée en trois avant d'être à nouveau étalée

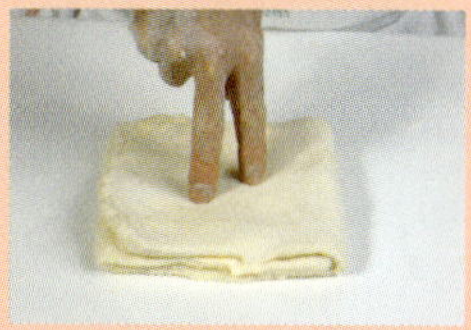
Marquer avec l'empreinte des deux doigts avant de laisser reposer au frais 15 à 20 min

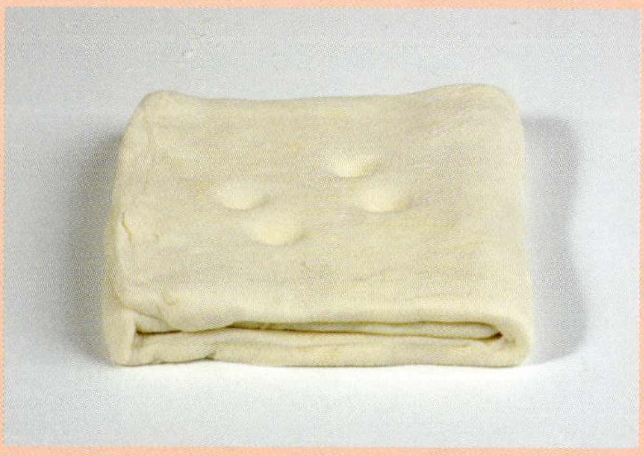
Pâte avec ses quatre tours. Laisser reposer 20 min encore avant emploi

A retenir !

Le beurre doit être impérativement froid pour éviter de le chauffer pendant le malaxage.
Il est préférable d'arrêter de travailler la pâte après les deux premiers tours, de laisser reposer la pâte toute la nuit et de donner les deux derniers tours au moment de son utilisation.
Utiliser de préférence un beurre AOC d'Echiré de Charentes-Poitou, la pâte n'en sera que plus facile à travailler (il s'agit de beurres « secs »). Les beurres de Bretagne ou de Normandie sont tout aussi bons mais plus délicats dans cet usage.

IDÉE RECETTE
P.112

TARTE BASQUAISE

TECHNIQUE 20

Une pâte brisée facile à réaliser et déclinable de multiples façons en tartes salées ou sucrées.

PÂTE BRISÉE

INGRÉDIENTS

POUR 8 PERSONNES
250 g de farine,
125 g de beurre,
1 jaune d'œuf,
5 cl d'eau,
1 pincée de sel
ou 25 g de sucre
(selon la recette)

Ingrédients de la pâte brisée

1- Mettre la farine et le beurre dans le robot.

COMMENT FAIRE ?

Peser tous les ingrédients. Mettre la farine dans le robot, ajouter le beurre en morceaux (1). Travailler jusqu'à l'obtention d'un sable (petits grains) (2). Ajouter le sel ou le sucre, le jaune d'œuf et l'eau (3). Mélanger rapidement jusqu'à l'obtention d'une boule homogène, la déposer sur le plan de travail fariné (4) et fraiser la pâte avec la paume de la main en l'écrasant devant soi (5). Envelopper la pâte dans du papier film et la réserver au réfrigérateur 1 h.

A retenir!

Réaliser la pâte la veille pour éviter la déformation à la cuisson.
Laisser reposer 1 h au frais avant utilisation.

2- Mixer 15 à 20 s pour obtenir le sablage

3- Ajouter le reste des ingrédients et mixer jusqu'à ce que la pâte se forme

4- Sur le plan de travail fariné, former la boule

5- Fraiser la pâte pour apporter de l'homogénéité en l'écrasant devant soi avec la paume de la main

IDÉE RECETTE
P.114

TARTE
AU CHOCOLAT

TECHNIQUE 21

Utilisée en pâtisserie, la pâte sablée est une pâte friable et cassante qui se marie principalement avec des garnitures de fruits.

PÂTE SABLÉE

INGRÉDIENTS

POUR 4 PERSONNES
250 g de farine,
125 g de beurre,
125 g de sucre glace ou de sucre semoule,
1 pincée de sel fin, 1 ou 2 œuf(s) (selon la grosseur),
1 gousse de vanille ou 1 cuillerée à café de vanille liquide

COMMENT FAIRE ?

Tamiser la farine (la passer au travers d'une passoire fine), la déposer sur un plan de travail. Ajouter le sucre glace ou le sucre semoule puis le beurre ramolli en petits morceaux, mélanger délicatement l'ensemble pour enrober le beurre dans la farine (1). Ecraser entre les mains de façon à obtenir un gros sable (gros grains), creuser le sablage en fontaine (en forme de puits), y incorporer le sel, les œufs battus et la vanille (2). Rabattre progressivement le sablage vers l'intérieur de la fontaine aux œufs, mélanger rapidement, façonner la pâte en boule (3), envelopper d'un papier film et mettre au frais à reposer durant 1 h. Idéalement, réaliser la pâte la veille, elle n'en sera que meilleure.

Ingrédients de la pâte sablée

A retenir !

La pâte sablée est dérivée de la pâte sucrée.
Peut se réaliser au robot et être parfumée avec du cacao en poudre.

1- Mélanger l'ensemble pour enrober le beurre de farine

2- Incorporer le mélange avec les œufs, écraser la pâte qui se forme entre les doigts

3- Former une boule et mettre à reposer

IDÉE RECETTE
P.116

PIZZA FROMAGIO

TECHNIQUE 22

Familiale et conviviale, la pizza « maison » est dans l'air du temps. Elle offre moelleux et croustillant.

PÂTE À PAIN PIZZA

INGRÉDIENTS

POUR 4 PERSONNES
10 g de levure boulangère,
5 cl d'eau tiède,
10 cl de lait tiède,
300 g de farine T 55,
1,5 cuillerée à soupe d'huile d'olive,
1 cuillerée à café de sel

Ingrédients de la pâte à pizza

1- Délayer la levure boulangère avec le lait et l'eau tièdes

COMMENT FAIRE ?

Faire toutes les pesées.
Délayer la levure dans le lait tiède et l'eau (1), ajouter la farine, le sel et l'huile d'olive (2).
Mélanger de façon à obtenir une boule de pâte homogène (3).
Pétrir quelques minutes sur le plan de travail (4), mettre à pousser en couvrant d'un papier film ou d'un linge humide.
La pâte peut être réalisée 1 à 2 h au préalable et stockée au réfrigérateur (5). Cette action ralentit la pousse de la pâte, toutefois il faut la ressortir 45 min à 1 h avant utilisation. Il suffit juste de la laisser pousser avant de l'étaler.

2- Ajouter les autres ingrédients

A retenir !

Ne jamais mettre le sel en contact avec la levure, cela atténuerait le développement de la pâte.

3- Malaxer pour obtenir la boule de pâte

4- Pétrir 2 à 3 minutes sur le plan de travail légèrement fariné

5- La pâte après 1 h de pousse à température ambiante

IDÉE RECETTE
P. 118
CRÊPES AUX POMMES

TECHNIQUE 23

La pâte à crêpes est une recette de base qui vous sert en de multiples occasions : soirée « Bretagne » à base de crêpes et galettes, mais aussi en apéritif froid (crêpes roulées puis coupées en rondelles), ou en amuse-bouches (sur une crêpe épaisse que vous tartinez de tarama par exemple).

PÂTE À CRÊPES

INGRÉDIENTS

POUR 4 PERSONNES
25 cl de lait,
150 g de farine,
2 œufs,
1 pincée de sel fin,
50 g de sucre semoule,
20 g de beurre,
beurre clarifié
ou huile pour la cuisson
Finition :
beurre, sucre
ou confiture

COMMENT FAIRE ?

Préparer la pâte : tamiser la farine (la passer au travers d'une passoire fine), la disposer en puits dans un saladier, ajouter au centre une pincée de sel, le sucre et les œufs (1). Mélanger délicatement au fouet les œufs et petit à petit la farine autour. Verser progressivement le lait en mélangeant sans s'arrêter (2). La pâte doit être lisse et homogène. Ajouter du beurre fondu dans la pâte (facultatif) (3), mélanger. Passer à travers une passoire fine et laisser reposer 1 h environ (4).
Faire chauffer la poêle en ajoutant très légèrement de la matière grasse (beurre ou huile) (5). Lorsque la poêle est chaude, verser à l'aide d'une louche la quantité appropriée à la taille de la poêle en répartissant uniformément la pâte (6).
La faire cuire à feu moyen pendant 15 à 20 s de chaque côté (7).

Les ingrédients de la pâte à crêpes

1- Mettre la farine en fontaine, ajouter les œufs

2- Mélanger les œufs progressivement avec la farine et le lait

3- Ajouter le beurre fondu dans la préparation

4- Passer à travers une passoire fine et laisser reposer 1 h

5- Enduire la poêle de beurre fondu à l'aide d'un papier absorbant

6- Déposer une louche de pâte et étaler sur toute la surface

7- Retourner dès que les bords prennent une légère coloration

Finir la cuisson

A retenir !

Il est possible d'aromatiser la pâte avec de la vanille, du rhum...
Ne pas ajouter le lait trop rapidement afin d'éviter la formation de grumeaux.
Ne pas hésiter à chauffer la poêle pour saisir la crêpe et assurer une bonne cuisson et surtout une belle coloration (retourner dès que les bords commencent à colorer légèrement).
Les sucrer au moment de les utiliser, car si l'on met le sucre à l'avance, celui-ci ramollit la crêpe et l'humidifie.

IDÉE RECETTE P.120

POMMES GRAND-MÈRE

TECHNIQUE 24

La crème anglaise accompagne les mets sucrés tels que fondants au chocolat, riz au lait, génoise, îles flottantes et autres biscuits.

CRÈME ANGLAISE

Ingrédients de la crème anglaise

1- Clarifier les œufs en séparant les jaunes des blancs

INGRÉDIENTS

POUR 8 PERSONNES

50 cl de lait entier,
4 ou 5 jaunes d'œufs,
50 g de sucre semoule,
1/2 gousse de vanille

COMMENT FAIRE ?

Porter le lait à ébullition, y incorporer les graines de vanille contenues dans la gousse préalablement fendue en deux.

Séparer les jaunes des blancs (1): prendre deux récipients, casser l'œuf en deux et transvaser le jaune d'une coquille à l'autre pendant que le blanc s'écoule dans le récipient préalablement mis en dessous. Mélanger énergiquement les jaunes avec le sucre (2-3). Ajouter progressivement le lait, mélanger (4) et verser le reste. Mettre en cuisson à feu doux, mélanger à l'aide d'une spatule, la crème va changer de texture, la mousse en surface disparaît peu à peu.

Vérifier la cuisson : soulever un peu de crème avec la spatule, l'incliner et tirer un trait à l'horizontal avec le doigt, le passage du doigt doit rester visible (5).

La débarrasser et passer au travers d'une passoire fine.

2- Verser le sucre sur les jaunes

A retenir!

Utiliser des œufs très frais.
Ne pas faire bouillir la crème car elle se décomposerait.
Pour arrêter la cuisson plus rapidement, la fouetter régulièrement et la placer dans un récipient plus grand avec des glaçons ou de l'eau glacée.
Cuire la crème anglaise dans une casserole inox à fond épais.

3- Blanchir l'ensemble

4- Verser le lait et mélanger

5- Cuire à feu doux jusqu'à ce que la crème nappe la spatule

IDÉE RECETTE
P.122

AUMÔNIÈRES
EN SURPRISE

TECHNIQUE 25

La crème pâtissière permet de réaliser plusieurs variantes en pâtisserie : soufflés, gratins, garniture pour entremets ou tartes.

CRÈME PÂTISSIÈRE

INGRÉDIENTS

POUR 4 PERSONNES
50 cl de lait entier,
4 jaunes d'œufs,
125 g de sucre semoule,
60 à 80 g de farine
ou fécule de pommes
de terre,
1/2 gousse de vanille,
un peu de beurre
ou de sucre glace
pour éviter la formation
d'une croûte
sur le dessus

Ingrédients de la crème pâtissière

Chauffer le lait, laisser infuser la gousse de vanille

COMMENT FAIRE ?

Porter le lait à ébullition.
Gratter les graines de vanille contenues dans la gousse préalablement fendue en deux, les ajouter au lait. Laisser infuser 10 min hors du feu en ajoutant un couvercle.
Séparer les jaunes des blancs, mélanger énergiquement les jaunes avec le sucre.
Ajouter la farine ou le fécule de pommes de terre, mélanger, verser progressivement le lait tout
en mélangeant. Verser le reste du lait, filtrer et fouetter jusqu'à ébullition.
Cuire 2 à 3 min.

Clarifier les œufs

Blanchir les jaunes avec le sucre

Ajouter la farine dans le mélange

Verser le lait et mélanger

Mélanger encore

Passer la crème à travers une passoire fine

Faire cuire jusqu'à ébullition tout en mélangeant

Tamponner la surface de la crème avec du beurre

A retenir !

Après la cuisson, tamponner la surface de la crème avec du beurre ou du sucre glace pour éviter la formation d'une croûte.
Facile à réaliser, peut être faite avec une préparation de fécule de pommes de terre à la place de la farine pour plus de légèreté.
Utiliser une casserole à fond épais en inox.

IDÉE RECETTE
P.124

AMANDINES
AUX POIRES

TECHNIQUE 26

Simple à réaliser, la crème d'amandes s'associe en pâtisserie avec des tartes aux fruits (cuits de préférence, poires, ananas, abricots…). C'est également la garniture des galettes des rois mais si on l'enrichit de crème pâtissière, elle s'appellera crème frangipane (2/3 crème d'amandes + 1/3 de crème pâtissière).

CRÈME D'AMANDES

Ingrédients de la crème d'amandes

1- Travailler le beurre à la consistance d'une pommade

INGRÉDIENTS

POUR 4 PERSONNES
180 g de beurre,
100 g de sucre semoule,
8 œufs,
100 g de poudre d'amandes,
1 cuillerée à café de vanille liquide,
2 cuillerées à soupe de farine ou de fécule de pommes de terre,
1 bouchon de rhum ambré (facultatif)

COMMENT FAIRE ?

Sortir le beurre à l'avance pour le travailler plus facilement.
Mettre le beurre dans le saladier, le mélanger avec une spatule pour le rendre à la consistance « pommade » (1) puis ajouter le sucre et mélanger vigoureusement (2).
Ajouter les œufs progressivement (3), la préparation devient homogène et lisse.
Incorporer la poudre d'amandes en une seule fois (4) puis la farine ou la fécule de pommes de terre et mélanger (5).
Ajouter la vanille liquide. Bien racler le tour du saladier (6) et mettre un film plastique. Réserver au frais.

2-Mélanger le beurre et le sucre

3- Ajouter les œufs et mélanger l'ensemble

4- Mettre la poudre d'amandes

5- Terminer par la farine

6- La crème d'amandes est bien homogène

A retenir !

Utiliser des œufs très frais.
Si la crème est réalisée quelques heures à l'avance, la conserver au réfrigérateur et la sortir 30 min avant de garnir vos préparations pour la mélanger plus facilement.

IDÉE RECETTE P.126

TARTARE DE FRUITS ROUGES AUX ÉPICES

TECHNIQUE 27

La crème fouettée accompagne tout simplement les desserts du quotidien que l'on souhaite améliorer.

CRÈME FOUETTÉE CHANTILLY

INGRÉDIENTS

POUR 4 PERSONNES
25 cl de crème,
30 g de sucre glace,
1/2 gousse de vanille

COMMENT FAIRE ?

Piler de la glace et la mettre dans un récipient approprié.
Mettre la crème dans un second récipient et poser celui-ci sur la glace pilée.
Fouetter énergiquement de façon à incorporer de l'air, prélever de temps en temps un peu de crème pour vérifier son épaisseur.
Dès que la crème adhère au fouet, ajouter le sucre glace et les grains de la gousse de vanille préalablement grattée.
Mélanger. A utiliser aussitôt ou à réserver au froid quelques instants.

Ingrédients crème Chantilly

Après avoir fouetté la crème liquide, ajouter les graines de vanille

Lorsque la crème épaissit, ajouter le sucre

La crème doit être ferme et tenir aux branches du fouet

A retenir!

Ne pas monter la crème trop en avance, elle risquerait de s'assouplir.
La crème doit être montée dans une zone froide. Pour cela, mettre le cul-de-poule inox (ou un autre récipient) ainsi que le fouet au réfrigérateur quelques minutes avant de réaliser votre crème.
Elle peut aussi être employée pour des préparations salées avec du jus de citron, des herbes, des épices... afin d'accompagner poissons fumés, terrines de légumes...

IDÉE RECETTE
P.128

BLINIS À LA NOIX DE COCO

TECHNIQUE 28

Base de nombreuses de préparations sucrées (gâteaux, mousses, œufs à la neige...) mais aussi salées (soufflés, terrines...), les blancs en neige exigent un tour de main précis et quelques astuces pour donner de la légèreté aux recettes.

BLANCS EN NEIGE

INGRÉDIENTS

POUR 4 PERSONNES
4 blancs d'œufs,
1 pincée de sel fin,
40 g de sucre semoule

Ingrédients des blancs en neige

1- Ajouter une pincée de sel dans les blancs

COMMENT FAIRE ?

En fouettant vivement des blancs d'œufs, on les fait monter en émulsion, c'est-à-dire que l'on y incorpore de l'air qui les fait gonfler.

Séparer les blancs des jaunes (cf page 58).
Monter les blancs en neige : mettre une pincée de sel dans les blancs (1), prendre un grand fouet ou un batteur électrique. Fouetter doucement au départ afin de liquéfier les blancs (2) puis fouetter progressivement (3) jusqu'à ce que les blancs deviennent neigeux (4). Ajouter le sucre et fouetter énergiquement en finition (5). Comment s'assurer que les blancs sont bien fermes ? C'est simple, la neige doit être très ferme et bien attenante au récipient (lorsque vous le retournez, les blancs ne doivent pas bouger) (6).

A retenir !

Penser à sortir vos œufs du réfrigérateur 1 h avant utilisation.
Vous avez un doute sur la fraîcheur de vos œufs ? Il vous suffit de plonger votre œuf sorti du réfrigérateur dans un bol d'eau froide. S'il coule, il est encore frais. S'il flotte, jetez-le.
Il n'est pas possible de conserver les blancs en neige, car ils se transforment en eau.

2- Commencer à battre doucement pour casser les blancs

3- Monter progressivement

4- Les blancs deviennent onctueux

5- Ajouter le sucre et fouetter énergiquement

6- Les blancs sont fermes et prêts à l'emploi

IDÉE RECETTE
P. 130
CRÈME BRÛLÉE
À LA VANILLE

TECHNIQUE 29

Cette préparation est particulièrement utile pour la crème au caramel, la crème brûlée, le pain perdu ou bien les puddings.

APPAREIL À CRÈME PRISE SUCRÉE

Les ingrédients de la crème caramel

1- Mélanger le sucre dans les œufs

INGRÉDIENTS

POUR 4 PERSONNES
50 cl de lait,
4 œufs,
80 g de sucre,
1/2 gousse de vanille
ou sucre vanillé
Caramel :
80 g de sucre,
1 cuillerée à soupe d'eau

COMMENT FAIRE ?

Porter le lait à ébullition avec les graines de la gousse de vanille préalablement fendue en deux et grattée. Laisser infuser 10 min hors du feu en couvrant la casserole.
Casser les œufs dans un saladier, les mélanger avec le sucre (1) puis verser progressivement le lait sur les œufs, remuer pour éviter la coagulation des œufs (2). Passer la préparation à travers une passoire fine puis retirer l'écume (3). Verser la crème dans des ramequins caramélisés (4). Cuire au bain-marie à 160 °C (th. 5-6) pendant 30 min (5).
Préparer le caramel : mettre le sucre et la cuillerée à soupe d'eau dans la casserole. Porter à ébullition. Essuyer de temps en temps les parois de la casserole avec un pinceau humidifié. Stopper la cuisson du caramel lorsqu'elle prendra une teinte légèrement brune. Décuire avec un filet d'eau froide pour éviter que le caramel continue à cuire (attention aux éclaboussures).

A retenir!

Mettre une feuille de papier absorbant au fond du plat ou de la plaque du four, placer les récipients (en l'occurrence les ramequins) et verser l'eau à mi-hauteur de ces derniers. Cette feuille de papier évitera une trop forte ébullition durant la cuisson.

2- Verser le lait progressivement et mélanger

3- Passer la crème à travers une passoire fine

4- Verser la préparation dans les ramequins caramélisés

5- Mettre en cuisson au bain-marie pour obtenir des crèmes caramels à la sortie du four

IDÉE RECETTE
P. 132

FINANCIERS

TECHNIQUE 30

Les petits fours secs accompagnent les mousses (fruit ou chocolat), les entremets ou bien sont servis avec le café, le thé ou le chocolat chaud. Ce sont des préparations qui apportent du raffinement aux fins de repas ou aux goûters.

LES PETITS FOURS SECS

INGRÉDIENTS

POUR 4 PERSONNES
Les tuiles
Ingrédients :
50 g d'amandes effilées,
50 g de sucre semoule ou sucre glace,
10 g de farine (type 55),
1 œuf + 1 blanc d'œuf,
10 g de beurre,
1 cuillerée à café de vanille liquide,
20 g de beurre pour les plaques de cuisson sauf si elles sont antiadhésives

Ingrédients des tuiles

Mélanger l'œuf battu avec des amandes

COMMENT FAIRE ?

Faire fondre le beurre à feu doux.
Mettre les amandes dans un saladier, le sucre et la farine tamisée, ajouter l'œuf entier et le blanc légèrement battus à la fourchette. Mélanger à l'aide d'une spatule.
Ajouter l'extrait de vanille et le beurre fondu refroidi. Mélanger bien l'ensemble. Laisser reposer au frais 30 min. Préchauffer le four à 200-220 °C (th. 6-7).
Beurrer la plaque du four, disposer des petits tas en quinconce à l'aide d'une cuillère, les aplatir à l'aide d'une fourchette mouillée afin de bien régulariser la forme. Mettre au four et cuire 4 à 5 min suivant l'épaisseur et la taille puis les décoller à l'aide d'une spatule métallique et leur donner une forme sur un rouleau à pâtisserie ou une bouteille en verre.

A retenir !

Les conserver dans une boîte hermétique pour éviter qu'elles ne se ramollissent.

Continuer avec le reste des ingrédients

Terminer par le beurre fondu

Le mélange est prêt, laisser reposer au frais

Déposer une cuillerée de la préparation sur une plaque

Etaler à la fourchette légèrement trempée dans l'eau

Les tuiles à la sortie du four

30 IDÉES DE RECETTES GOURMANDES

Temps de préparation : 20 min
Budget : pas cher
Nombre de personnes : 4

TAPAS À LA CATALANE

INGRÉDIENTS

4 tomates
4 cuillerées à soupe de caillé de brebis
8 cuillerées à soupe d'huile d'olive
2 gousses d'ail
4 tranches de pain ou baguette au levain
4 tranches de jambon cru
poivre du moulin
sel

COMMENT FAIRE ?

1 - Monder les tomates. Les couper en deux, retirer les pépins et écraser la chair avec une fourchette.
2 - Travailler le caillé à la fourchette avec quatre cuillerées à soupe d'huile d'olive, assaisonner.
3 - Peler les gousses d'ail.
4 - Faire griller les tranches de pain puis les frotter sur un côté avec l'ail.
5 - Etaler la chair de tomate sur les tartines, les arroser d'un filet d'huile (une cuillerée par tartine). Placer le caillé de brebis sur la chair de tomate.
6 - Couper le jambon en lamelles, les poser sur la tartine et déguster.

monder les tomates

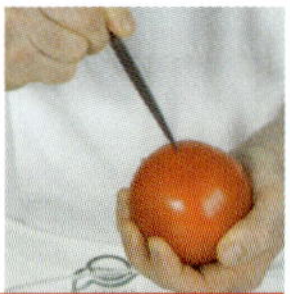

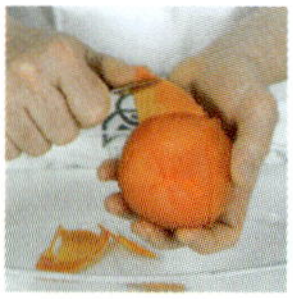

TECHNIQUE 1 • P. 14

Temps de préparation : 25 min
Temps de cuisson : 15 min
Budget : cher
Nombre de personnes : 4

DUO DE POISSONS EN PAPILLOTE

INGRÉDIENTS

300 g de filet de saumon (sans peau)
8 noix de Saint-Jacques
1 cuillerée à café de cerfeuil
1 cuillerée à café de ciboulette
1 cuillerée à café d'estragon
2 carottes
1 poireau
1 courgette
2 tomates
2 cuillerées à soupe de vin blanc

Pour la sauce au beurre blanc
2 échalotes
5 cl de vin blanc
2,5 cl de vinaigre (blanc, d'alcool, de vin ou de cidre)
200 g de beurre demi-sel
sel
poivre

COMMENT FAIRE ?

Pour la préparation du beurre blanc

1 - Eplucher, laver et couper les échalotes en petits dés. Les mettre dans une petite casserole puis les recouvrir du vin blanc, faire réduire jusqu'à ce qu'il ne reste que la valeur d'une cuillerée à soupe de liquide.
2 - Couper le beurre bien froid en petits morceaux et l'ajouter progressivement à feu doux à la réduction, assaisonner.

Pour la suite de la recette

Préchauffer le four à 210 °C (th. 7).
3 - Eplucher, laver et tailler les légumes en julienne.
4 - Découper le saumon en quatre parts égales.
5 - Confectionner les quatre papillotes : couper un rectangle de papier aluminium ou de papier sulfurisé (de 40 cm de long) parfaitement étanche. Plier la feuille de papier aluminium, puis, sur une moitié de chaque papillote, répartir équitablement la julienne de légumes, une part de saumon (posée sur les légumes), deux noix de Saint-Jacques. Arroser de vin blanc, parsemer des herbes hachées, plier chaque côté de la papillote de façon à avoir une fermeture hermétique.
6 - Disposer les papillotes sur une plaque allant au four, cuire pendant 10 min.
7 - Servir aussitôt en accompagnant les papillotes du beurre blanc mis en saucière.

julienne de légumes
tailler en dés

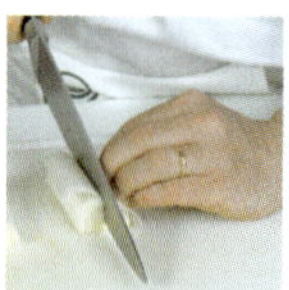

TECHNIQUE 2
• P. 16 ET 18

Mots de la cuisine

Monter au beurre : ajouter du beurre bien froid en petits morceaux de façon à obtenir une sauce onctueuse.
Réduire : faire évaporer un liquide en le portant à ébullition pour concentrer les saveurs.

Temps de préparation : 30 min
Temps de cuisson : 45 min
Budget : cher
Nombre de personnes : 4

CABILLAUD RÔTI À L'ANDOUILLE

INGRÉDIENTS

4 pavés de cabillaud
de 140 g chacun
(avec peau)
200 g de beurre
demi-sel
40 cl de jus
de pommes naturel
10 cl de crème liquide
(30 % de matière grasse)
1/2 chou vert
8 tranches d'andouille
de Guémené (5 mm
d'épaisseur)
4 feuilles de persil plat
gros sel
sel
poivre

COMMENT FAIRE ?

1 - Clarifier les 200 g de beurre.
2 - Retirer les feuilles inutilisables du chou et couper les feuilles restantes en lanières. Les laver. Porter de l'eau salée à ébullition, ajouter le chou et le blanchir 10 min, l'égoutter ensuite et le rafraîchir à l'eau froide.
3 - Mettre 30 g du beurre clarifié dans une casserole, ajouter le chou. Le faire étuver 15 à 20 min à feu doux, assaisonner.
4 - Mettre le jus de pommes dans une casserole et faire évaporer de moitié. Ajouter la crème fraîche à ce jus réduit, vérifier l'assaisonnement.
5 - Poêler rapidement les tranches d'andouille dans le beurre clarifié (10 g) et les éponger sur du papier absorbant.
6 - Préchauffer le four à 200 °C (th. 6-7).
Poser les pavés de cabillaud dans un plat à four, assaisonner puis, lors de la cuisson, arroser régulièrement chacun d'eux de beurre clarifié (60 g). Cuire 8 à 10 min environ (selon l'épaisseur).
7 - Dresser sur assiette chaude : disposer un lit de chou, placer le cabillaud rôti dessus et surmonter avec deux tranches d'andouille. Entourer d'un cordon de sauce, ajouter les feuilles de persil plat.

blanchir les légumes

TECHNIQUE 3 • P. 20

Mots de la cuisine

Etuver : cuire lentement, à couvert, un aliment dans son eau de végétation avec un corps gras.

Temps de préparation : 50 min
Temps de cuisson : 35 min
Budget : pas cher
Nombre de personnes : 4

SALADE TIÈDE DE LENTILLES

INGRÉDIENTS

1 oignon
1 carotte
15 g de beurre demi-sel
4 tomates cerises
160 g de lentilles
1 bouquet garni
(1 vert de poireau,
1 branche de thym,
1 feuille de laurier,
queues de persil)
4 tranches
de saumon fumé
2 cuillerées à soupe
de vinaigre balsamique
1 yaourt nature
sel
poivre

COMMENT FAIRE ?

1 - Eplucher l'oignon, la carotte, les couper en dés et les faire suer dans le beurre sans coloration.
Ajouter les lentilles, le bouquet garni et mouiller à hauteur de deux ou trois fois le volume des lentilles, cuire 30 à 35 min, saler à mi-cuisson.
2 - Découper le saumon en lanières.
3 - Mélanger le vinaigre balsamique, le sel, le poivre puis détendre avec le yaourt et le jus de cuisson des lentilles. Vérifier l'assaisonnement.
4 - Verser la vinaigrette sur les lentilles mélangées au saumon.
5 - Dresser la salade de lentilles tiède sur une assiette chaude et placer les tomates cerises coupées en quartiers.

Suggestion : Décorer avec une 1/2 tranche de bacon et une petite branche de sauge pour donner du volume à l'assiette.

eplucher et laver les légumes
suer les légumes

TECHNIQUES 1 ET 4
• P. 12 ET 22

Mots de la cuisine

Mouiller : ajouter un liquide (eau, lait, vin, fond...) dans une préparation.

Temps de préparation : 20 min
Temps de cuisson : 35 min
Budget : moyen
Nombre de personnes : 4

ASPERGES ET POIVRONS CRÈME ACIDULÉE

INGRÉDIENTS

1 botte d'asperges blanches
1 poivron rouge
3 cuillerées à soupe d'huile d'olive
10 cl de crème liquide (30 % de matière grasse)
1 cuillerée à soupe de vinaigre balsamique ou xérès
1 cuillerée à soupe de ciboulette
4 brins de persil plat
gros sel
sel
poivre du moulin

COMMENT FAIRE ?

1 - Peler les asperges, les ficeler en botillons, les cuire à l'eau bouillante salée au gros sel (le temps de cuisson varie en fonction du calibre des asperges). Pour vérifier la cuisson, vous pouvez les piquer avec la pointe d'un couteau, si celle-ci pénètre facilement, les asperges sont cuites. Les refroidir ensuite et les éponger sur un linge propre.
2 - Préchauffer le four à 200 °C (th. 7).
Mettre le poivron dans un plat, arroser d'une cuillerée à soupe d'huile d'olive et le passer au four à 200 °C (th. 7) 20 à 25 min en le retournant régulièrement. A la sortie du four, le recouvrir d'un linge propre, attendre 10 à 15 min, puis le peler et retirer les graines. Le couper en longs bâtonnets, réserver.
3 - Couper environ 2 cm du pied des asperges puis couper une douzaine d'asperges en deux. Garder huit pointes pour le décor.
4 - Sur assiette, alterner une moitié d'asperge, un bâtonnet de poivron..., réserver au frais.
5 - Mélanger dans un bol la crème liquide, le vinaigre balsamique, le sel, le poivre, le restant d'huile d'olive et la ciboulette ciselée.
6 - Napper d'un cordon de sauce l'alternance d'asperges et de poivrons, décorer de persil plat et de ciboulette, assaisonner d'un tour de moulin à poivre.

cuire à l'anglaise

TECHNIQUE 5 • P. 23

Mots de la cuisine

Napper : recouvrir une préparation de sauce ou de coulis.

Temps de préparation : 30 min
Temps de cuisson : 15 min
Budget : cher
Nombre de personnes : 4

LOTTE AU LARD ET AU BEAUFORT

INGRÉDIENTS

8 tournedos de lotte (de 90 g chacun)
4 tranches de poitrine fumée
4 feuilles de chou
50 g de beurre demi-sel
1 verre de vin blanc
3 cuillerées à soupe de crème fraîche épaisse (30 % de matière grasse)
100 g de beaufort
2 cuillerées à soupe d'huile de tournesol
2 échalotes
gros sel
sel
poivre

COMMENT FAIRE ?

1 - Laver les feuilles de chou, retirer la nervure centrale. Les blanchir quelques minutes dans une casserole d'eau bouillante salée au gros sel puis les passer sous l'eau froide, les égoutter. Réserver.
2 - Eplucher et hacher les échalotes.
3 - Envelopper les morceaux de lotte avec les tranches de lard, ficeler ou fixer l'ensemble avec une pique en bois.
Préchauffer le four à 180 °C (th. 6).
4 - Faire chauffer 20 g de beurre et l'huile dans une cocotte, y faire dorer la lotte sur toute sa surface, continuer la cuisson en la retournant de temps en temps pendant 10 min.
5 - Une fois cuite, retirer la lotte de la cocotte, la poser dans un plat allant au four et laisser tiédir.
Détailler le beaufort en lamelles, le placer sur la lotte.
6 - Passer la lotte au four jusqu'à ce que le fromage fonde.
7 - Faire étuver les feuilles de chou avec 10 g de beurre juste le temps de les réchauffer.
8 - Remettre sur le feu la cocotte où a cuit la lotte, faire fondre les 20 g de beurre restants, puis faire suer les échalotes. Déglacer avec un verre de vin blanc, faire évaporer, ajouter trois cuillerées à soupe de crème épaisse.
Porter à ébullition, vérifier l'assaisonnement.
9 - Dans un plat bien chaud, disposer les feuilles de chou, poser dessus les tournedos de lotte, napper de sauce.

étuver les légumes

TECHNIQUE 6 • P. 24

Mots de la cuisine

Déglacer : ajouter un liquide dans une préparation afin de décoller les sucs de cuisson.
Etuver : cuire lentement, à couvert, un aliment dans son eau de végétation avec un corps gras.

Temps de préparation : 1 h
Temps de cuisson : 1 h 15
Budget : moyen
Nombre de personnes : 4

POULET AU QUATRE-ÉPICES

INGRÉDIENTS

1 poulet de 1,3 kg
25 g de beurre demi-sel
Pour le fond brun
1 carotte
1/2 branche de céleri
10 cl de vin blanc
1 oignon
2 gousses d'ail
2 cuillerées à café de quatre-épices
4 branches de persil plat
40 g de beurre demi-sel
Pour la galette de riz aux légumes
4 galettes de riz
10 g de champignons noirs
2 carottes moyennes
1 branche de céleri
1 blanc de poireau
1/2 gousse d'ail
1/2 botte de ciboulette
1 cuillerée à café de gingembre
2 œufs
20 g de vermicelle chinois
1/2 botte de menthe
sel et poivre

COMMENT FAIRE ?

Pour la préparation du fond brun

1 - Découper le poulet en morceaux (garder la carcasse).
2 - Eplucher, laver les légumes, les couper en petits morceaux. Dans une cocotte, faire fondre 20 g de beurre, ajouter les légumes, la carcasse de poulet et les quatre-épices, faire revenir à coloration puis verser le vin blanc et mouiller à hauteur des carcasses avec de l'eau en décollant les sucs de cuisson. Faire cuire ce fond de volaille pendant 1 h 45 environ, puis passer au travers d'une passoire fine.
3 - Verser le fond de volaille dans la partie basse du cuit-vapeur.
4 - Dans une cocotte, faire colorer les morceaux de poulet dans les 25 g de beurre. Les disposer ensuite dans la partie supérieure du cuit-vapeur et cuire 25 à 30 min.
5 - Prendre un peu de fond de cuisson, le faire évaporer puis monter avec les 20 g de beurre restants, vérifier l'assaisonnement.

Pour la préparation de la galette de riz

6 - Faire tremper séparément pendant 15 min les champignons noirs et le vermicelle chinois dans de l'eau chaude.
7 - Tailler les légumes et le gingembre en julienne.
8 - Hacher l'ail.
9 - Ciseler la ciboulette.
10 - Egoutter et couper finement les champignons et le vermicelle.
11 - Etuver légèrement la julienne de légume.
12 - Battre les œufs en omelette.
13 - Dans un saladier, mélanger la julienne, l'ail, la ciboulette, les champignons, le vermicelle ; lier avec les œufs et vérifier l'assaisonnement.
14 - Tremper chaque galette de riz dans un peu d'eau juste pour la ramollir, les éponger sur un linge, disposer la farce dans les galettes, enrouler comme une andouillette. Cuire à la vapeur parfumée à la menthe.
15 - Dresser sur assiette chaude la volaille, ajouter un cordon de sauce puis la galette de riz aux légumes.

fond blanc de volaille

TECHNIQUE 7 • P. 26

Mots de la cuisine

Etuver : cuire lentement, à couvert, un aliment dans son eau de végétation avec un corps gras.
Monter au beurre : ajouter du beurre bien froid en petits morceaux de façon à obtenir une sauce onctueuse.

Temps de préparation : 15 min
Temps de cuisson : 30 min
Budget : cher
Nombre de personnes : 4

ÉMINCÉ DE ROGNONS DE VEAU

INGRÉDIENTS

2 rognons de veau (avec la graisse)
16 échalotes
66 cl de bière brune
50 cl de jus de veau
100 g de beurre demi-sel
sel
poivre du moulin
ciboulette

COMMENT FAIRE ?

1 - Préchauffer le four à 180 °C (th. 6).
2 - Enlever la graisse des rognons au couteau en laissant une couche de graisse de 1 cm.
3 - Dans une poêle chaude, déposer les rognons de veau sans ajout de matière grasse (avec la chaleur, la graisse du rognon va fondre). Finir la cuisson dans un plat allant au four pendant 20 min environ.
4 - Mettre à réduire la bière brune et le jus de veau avec les échalotes entières, épluchées. Après réduction de moitié, monter la sauce avec les 100 g de beurre, vérifier l'assaisonnement.
5 - Sortir les rognons du four, les couper en tranches fines, napper de sauce, ajouter un peu de ciboulette.

jus de veau

TECHNIQUE 8
• P. 28

Mots de la cuisine

Monter : ajouter du beurre bien froid en petits morceaux de façon à obtenir une sauce onctueuse.
Napper : recouvrir une préparation de sauce ou de coulis.
Réduire : faire évaporer un liquide en le portant à ébullition pour concentrer les saveurs.

Temps de préparation : 1 h
Temps de cuisson : 40 min
Budget : cher
Nombre de personnes : 4

SAINT-JACQUES AU CURRY

INGRÉDIENTS

16 coquilles Saint-Jacques
400 g d'épinards frais
1 grosse carotte
70 g de beurre demi-sel
25 cl de vinaigre blanc
gros sel

Pour le fumet

1 oignon
1 échalote
1 blanc de poireau
1 gousse d'ail
1 bouquet garni (1 queue de persil, 1 branche de thym, 1 vert de poireau)
20 g de beurre demi-sel
16 barbes de Saint-Jacques
5 cl de vin blanc

Pour la sauce

1 échalote
10 g de beurre demi-sel
2 cuillerées à soupe de curry
10 cl de crème fraîche épaisse (30 % de matière grasse)
fleur de sel, sel, poivre

COMMENT FAIRE ?

1 - Décortiquer les Saint-Jacques ou le faire faire par votre poissonnier. Garder les barbes pour le fumet (enlever la poche noire) puis les frotter au gros sel et les badigeonner de vinaigre pour les rendre légèrement rosées, rincer dans plusieurs eaux.

Pour la préparation du fumet

2 - Eplucher et émincer les légumes à l'exception de l'ail. Faire suer les légumes dans les 20 g de beurre, ajouter les barbes, cuire environ 2 min puis déglacer au vin blanc. Laisser réduire puis mouiller à hauteur avec de l'eau, ajouter le bouquet garni. Cuire 20 à 25 min à petite ébullition, filtrer.

3 - Laver les noix de Saint-Jacques, les égoutter et réserver au frais.

4 - Equeuter les épinards, les laver, réserver.

5 - Eplucher la carotte et prélever des billes à l'aide d'une cuillère à pomme noisette, les cuire à l'eau bouillante salée au gros sel pendant 7 à 8 min, les rafraîchir, réserver.

Pour la préparation de la sauce

6 - Ciseler l'échalote, la faire suer dans 10 g de beurre, ajouter les deux cuillerées à soupe de curry, cuire 15 s en mélangeant puis mouiller avec le fumet. Réduire de moitié, verser la crème fraîche et porter à ébullition jusqu'à ce que la sauce devienne onctueuse. Vérifier l'assaisonnement. Réserver cette sauce au bain-marie.

7 - Faire fondre 30 g de beurre, ajouter les épinards bien égouttés et cuire 2 à 3 minutes, assaisonner.

8 - Faire fondre 10 g de beurre puis réchauffer à feu doux les billes de carotte.

9 - Faire fondre le beurre restant et saisir rapidement les noix 30 s sur chaque face.

10 - Dresser sur assiette des petits lits d'épinards, y placer les noix, ajouter la sauce autour et placer les billes de carottes. Parsemer de fleur de sel et assaisonner d'un tour de moulin à poivre sur les Saint-Jacques.

f u m e t d e p o i s s o n

TECHNIQUE 9 • P. 30

Mots de la cuisine

Mouiller : ajouter un liquide (eau, lait, vin, fond...) dans une préparation.
Réduire : faire évaporer un liquide en le portant à ébullition pour concentrer les saveurs.

Temps de préparation : 45 min
Temps de cuisson : 1h15
Budget : moyen
Nombre de personnes : 4

CARRÉ D'AGNEAU RÔTI

MARMELADE D'OIGNONS ET DE POIVRONS

INGRÉDIENTS

Pour la cuisson du carré d'agneau
1 carré d'agneau (de 8 côtes)
1 cuillerée à soupe d'huile d'olive
30 g de beurre demi-sel
gros sel

Pour le jus d'agneau
300 g d'os et parures d'agneau
1/2 carotte
1/2 oignon
1 gousse d'ail
2 brindilles de thym
20 cl d'eau
3 cuillerées à soupe de vin blanc

Pour la marmelade
2 poivrons rouges
1 gros oignon
5 cl d'huile d'olive
1/2 tête d'ail
1 bouquet garni (1 brindille de thym, 1 feuille de laurier, 3 queues de persil, 1 vert de poireau)
1 cuillerée à café de miel
1 cuillerée à café de ketchup
Tabasco
sel, poivre

COMMENT FAIRE ?

Pour la préparation de la marmelade

1 - Laver les poivrons, les mettre dans un plat, arroser d'huile d'olive et passer au four à 200 °C (th. 7) 20 à 25 min en retournant régulièrement les poivrons. A la sortie du four, les recouvrir d'un linge propre, attendre 10 à 15 min, puis les peler et retirer les graines.
2 - Eplucher l'oignon, le couper en rondelles.
3 - Faire chauffer l'huile d'olive, y déposer l'oignon, l'ail non haché, le bouquet garni, assaisonner.
4 - Concasser les poivrons et les cuire dans une casserole à feu doux, ajouter le ketchup, le miel et quelques gouttes de Tabasco. Ajouter le mélange à base d'oignons (sans le bouquet garni), mélanger. Laisser refroidir.

Pour la cuisson du carré d'agneau

5 - Préchauffer le four à 200 °C (th. 7).
Déposer dans un plat les os et parures d'agneau, placer dessus le carré, les 30 g de beurre, l'huile d'olive, assaisonner. Cuire au four selon votre cuisson souhaitée (10 à 15 min pour une cuisson rosée).
6 - Retirer ensuite le carré du plat, le maintenir au chaud recouvert de papier aluminium dans le four éteint.

Pour la préparation du jus d'agneau

7 - Récupérer le jus de cuisson du plat, le placer dans une casserole, ajouter la garniture aromatique, la faire colorer, déglacer avec le vin blanc, réduire puis mouiller avec l'eau. Porter à ébullition 10 à 15 min jusqu'à ce que le jus épaississe légèrement puis passer le jus au travers d'une passoire fine. Vérifier l'assaisonnement.
8 - Dresser sur assiette la viande préalablement découpée, les légumes, napper l'ensemble de jus d'agneau.

j u s   d e   r o t i

TECHNIQUE 10
• P. 32

Mots de la cuisine

Concasser : écraser grossièrement.
Déglacer : ajouter un liquide dans une préparation afin de décoller les sucs de cuisson.
Mouiller : ajouter un liquide (eau, lait, vin, fond…) dans une préparation.
Napper : recouvrir une préparation de sauce ou de coulis.
Porter à ébullition : faire bouillir un liquide.
Réduire : faire évaporer un liquide en le portant à ébullition pour concentrer les saveurs.

Temps de préparation : 1 h
Temps de cuisson : 20 min
Budget : cher
Nombre de personnes : 4

CHOUCROUTE DE LA MER

INGRÉDIENTS

1 pomme (reinette ou belle de Boskoop)
1 kg de chou à choucroute cuit
1 oignon
7 à 8 baies de genièvre
8 à 10 grains de poivre
1 pincée de carvi ou de cumin
8 pommes de terre (charlotte)
300 g de haddock (coupé en 2 tranches épaisses)
300 g de filet de saumon frais
300 g de moules
100 g de crevettes (non décortiquées)
4 langoustines
75 cl de lait entier
10 cl de crème liquide (30 % de matière grasse)
20 g de beurre demi-sel

Pour la sauce au beurre blanc
2 échalotes
5 cl de vin blanc
2,5 cl de vinaigre blanc
100 g de beurre demi-sel ou doux
1 pincée de poivre de Cayenne
gros sel, sel et poivre

COMMENT FAIRE ?

1 - Mettre le haddock à dessaler dans le lait (50 cl) durant toute une nuit.
2 - Eplucher les pommes de terre, les laver, les couper et les cuire 20 à 25 min (selon grosseur) à l'eau salée au gros sel.
3 - Gratter, laver les moules, les ouvrir sur feu vif en les secouant fréquemment. Décortiquer la moitié des moules, garder l'autre moitié pour la présentation.
4 - Cuire les langoustines au court-bouillon ou à la vapeur.
5 - Eplucher, laver, émincer l'oignon, le faire suer dans 10 g de beurre sans coloration.
6 - Eplucher, évider, couper en quartiers la pomme, la faire sauter dans le beurre restant.
7 - Ajouter le chou sur l'oignon, adjoindre le genièvre, le poivre en grains, le carvi ou le cumin, cuire 15 min à feu doux puis incorporer la crème fraîche. Poursuivre la cuisson à feu doux environ 10 min, ajouter les quartiers de pommes.
8 - Cuire le saumon à la vapeur.
9 - Pocher le haddock dans les 25 cl de lait restants 5 à 6 min.

Pour la préparation du beurre blanc

10 - Ciseler les échalotes, les mettre dans une petite casserole, mouiller avec le vin blanc et le vinaigre. Faire évaporer et garder l'équivalent d'une cuillerée à soupe de liquide, ajouter ensuite du beurre bien froid en petits morceaux. Mélanger, assaisonner et mettre au bain-marie.
11 - Dresser un lit de choucroute accompagné de pommes de terre. Placer les poissons et crustacés. Napper d'un cordon de sauce.

l e b e u r r e b l a n c

TECHNIQUE 11 • P. 34

Mots de la cuisine

Evider : retirer la partie centrale d'un fruit ou d'un légume.
Suer : faire revenir un aliment dans une matière grasse sans coloration.

Temps de préparation : 30 min
Temps de cuisson : 25 min
Budget : moyen
Nombre de personnes : 4

FILETS DE CABILLAUD

ASPERGES VERTES ET SAUCE HOLLANDAISE

INGRÉDIENTS

4 filets de cabillaud avec peau de 130 g chacun
1 botte d'asperges vertes
1 pincée de fleur de sel
poivre du moulin

Pour la sauce hollandaise
3 œufs
150 g de beurre
2 cuillerées à soupe d'eau
1/2 citron
1 pincée de cayenne
sel
poivre

COMMENT FAIRE ?

Pour la sauce hollandaise

1 - Clarifier le beurre.
2 - Clarifier les œufs, déposer les jaunes dans une casserole, ajouter l'eau froide et mélanger à l'aide d'un fouet sur feu doux jusqu'à ce que le mélange devienne mousseux. Hors du feu, ajouter le beurre clarifié, le jus de citron pressé, la pincée de cayenne, assaisonner.

Pour la suite de la recette

3 - Peler les asperges de la tige vers la pointe, les laver, puis les attacher en botte à l'aide d'une ficelle.
Dans la partie basse du cuit-vapeur, poser les filets de poisson et, à l'étage supérieur, les asperges, cuire 10 min environ. Vérifier la cuisson des asperges à l'aide d'une pointe de couteau. Si celle-ci pénètre aisément, les retirer.
4 - Servir sur assiette chaude le poisson accompagné des asperges, napper de sauce hollandaise et parsemer de fleur de sel.

sauce hollandaise

TECHNIQUE 12
• P. 36

Mots de la cuisine

Clarifier des œufs : séparer les jaunes des blancs.
Napper : recouvrir une préparation de sauce ou de coulis.

Temps de préparation : 40 min
Temps de cuisson : 35 min
Budget : pas cher
Nombre de personnes : 4

ŒUFS FARCIS CHIMAY

INGRÉDIENTS

5 œufs
1 cuillerée à soupe de persil
60 g de gruyère râpé

Pour la duxelles de champignons
20 g de beurre demi-sel
1 échalote grise
200 g de champignons de Paris
1/2 citron

Pour la sauce Béchamel
30 g de beurre demi-sel
30 g de farine
25 cl de lait
1 pincée de piment de Cayenne
1 pincée de noix de muscade
sel
poivre

COMMENT FAIRE ?

1 - Remplir une casserole d'eau froide, y déposer quatre œufs, porter de l'eau à l'ébullition et cuire 10 min environ de façon à ce que les œufs deviennent durs. Les rafraîchir sous l'eau froide.

Pour la préparation de la duxelles de champignons

2 - Faire fondre 20 g de beurre, ajouter l'échalote ciselée, les champignons hachés et citronnés. Cuire jusqu'à complète évaporation de l'eau de végétation en mélangeant régulièrement à l'aide d'une spatule. Assaisonner.

Pour la préparation de la sauce Béchamel

3 - Faire fondre le beurre, ajouter la farine et cuire quelques minutes en mélangeant. Laisser refroidir.
Porter le lait à ébullition puis en verser progressivement une partie sur le roux refroidi, mélanger à l'aide d'un fouet. Hors du feu, ajouter le reste de lait.
Porter à ébullition et laisser cuire quelques minutes, la sauce doit être lisse et homogène. Assaisonner.

Pour la suite de la recette

4 - Ecaler les œufs, les rincer et les couper en deux dans le sens de la longueur. Extraire les jaunes et les écraser au travers d'une passoire fine. Réserver les blancs sur une plaque.

5 - Lier la duxelles avec un peu de sauce Béchamel, ajouter le persil haché et les jaunes d'œufs écrasés. Mélanger délicatement et assaisonner.

6 - Hors du feu, ajouter le jaune d'œuf cru au restant de la sauce Béchamel puis reporter à ébullition pendant quelques secondes. Incorporer ensuite délicatement le gruyère à la sauce, vérifier l'assaisonnement.

7 - Préchauffer le four à 200 °C (th. 7).
Farcir de duxelles/béchamel les blancs d'œufs réservés.

8 - Etaler dans le fond d'un plat à gratin un peu de sauce Béchamel, déposer dessus les œufs farcis, les napper du restant de sauce. Saupoudrer l'ensemble de gruyère râpé.

9 - Enfourner pendant quelques minutes et terminer le gratin sous le gril du four.

s a u c e   b é c h a m e l

TECHNIQUE 13 • P. 38

Mots de la cuisine

Ecaler : retirer la coquille d'un œuf.
Napper : recouvrir une préparation de sauce ou de coulis.
Porter à ébullition : faire bouillir un liquide.

Temps de préparation : 30 min
Temps de cuisson : 1 h 05
Budget : moyen
Nombre de personnes : 4

BLANQUETTE
DE VEAU À L'ANCIENNE

INGRÉDIENTS

800 g d'épaule de veau
1/2 poireau
1/2 gros oignon
2 carottes
1 bouquet garni
(1 brindille de thym,
1 feuille de laurier,
3 queues de persil,
1 vert de poireau)
1 clou de girofle
2 l d'eau (ou de bouillon de volaille)

Pour le roux blanc
30 g de farine
30 g de beurre demi-sel

Pour la garniture
1 citron
150 g de champignons de Paris
25 cl d'eau
1 œuf
10 cl de crème épaisse (30 % de matière grasse)
10 g de beurre demi-sel
gros sel
sel et poivre

COMMENT FAIRE ?

1 - Plonger la viande dans de l'eau froide, porter à ébullition quelques minutes pour enlever l'excès de graisses, jeter le liquide. Rafraîchir sous l'eau froide.
2 - Mettre la viande dans une cocotte et ajouter le demi-oignon piqué d'un clou de girofle, les carottes, le demi-poireau, le bouquet garni et 2 l d'eau froide (ou de bouillon de volaille), assaisonner avec le gros sel. Cuire doucement à couvert pendant 50 à 55 min, suivant les morceaux de viande.

Pour la préparation du roux blanc

3 - Faire fondre le beurre, y ajouter la farine et mélanger 1 à 2 min jusqu'à ce que le roux devienne légèrement fluide. Refroidir puis ajouter 60 cl de bouillon de cuisson de la blanquette. Faire épaissir en mélangeant à feu doux pendant 10 min.

Pour la préparation de la garniture

4 - Nettoyer et émincer les champignons de Paris, les cuire environ 15 min avec un demi-jus de citron pressé, 25 cl d'eau, 10 g de beurre et une pincée de sel, les champignons doivent rester croquants.
5 - Ajouter la viande et les champignons dans la sauce.
6 - Mélanger dans un bol la crème et le jaune d'œuf. Verser ce mélange, hors du feu, dans la sauce de la blanquette et ne pas la remettre à ébullition. Terminer avec le jus de citron restant. Vérifier l'assaisonnement.
7 - Servir bien chaud.

p o c h e r

TECHNIQUE 14 • P. 40

Mots de la cuisine

Porter à ébullition : faire bouillir un liquide.

Temps de préparation : 20 min
Temps de cuisson : 30 min
Budget : moyen
Nombre de personnes : 4

CUISSES DE LAPEREAUX BRAISÉES

INGRÉDIENTS

4 cuisses de lapereaux
90 g de beurre demi-sel
2 carottes
2 oignons
1 branche de thym
10 cl de porto
30 cl de vin blanc
100 g de raisins secs
50 g de pruneaux secs
1 poireau
2 feuilles de brick
2 brins de ciboulette
5 cl d'armagnac
sel
poivre

COMMENT FAIRE ?

1 - Mettre à tremper les pruneaux et les raisins secs quelques minutes dans de l'eau tiède. Les égoutter, les arroser d'armagnac et laisser macérer 1 h.
2 - Saler et poivrer les cuisses de lapereaux. Dans une cocotte en fonte, faire fondre 40 g de beurre jusqu'à l'apparition d'une couleur légèrement noisette, saisir les cuisses de lapin et les faire dorer sur toutes les faces.
3 - Pendant ce temps, éplucher, laver et hacher les carottes et les oignons. Les ajouter dans la cocotte ainsi que le thym. Mouiller avec le vin blanc, faire évaporer légèrement, ajouter le porto et l'armagnac des fruits secs, cuire au four à 180 °C (th. 6) pendant 15 à 20 min à couvert. A mi-cuisson, retirer les cuisses et filtrer le jus.
4 - Remettre dans la cocotte le jus de cuisson, les cuisses, les fruits secs macérés, poursuivre la cuisson 10 min et rectifier l'assaisonnement.
5 - Couper le poireau en paysanne, le faire étuver avec 10 g de beurre.
6 - Faire fondre 40 g de beurre, couper les feuilles de brick en deux et les badigeonner de ce beurre, disposer la garniture de cuisson (carottes, oignons, poireau) sur chaque moitié de feuille de brick, former un triangle, fermer les extrémités. Faire colorer ces feuilles de brick à four chaud à 200 °C (th. 6-7).
7 - Dresser le tout sur assiette.

b r a i s e r

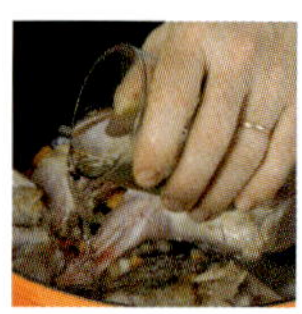

TECHNIQUE 15 • P. 42

Mots de la cuisine

Etuver : cuire lentement, à couvert, un aliment dans son eau de végétation avec un corps gras.
Mouiller : ajouter un liquide (eau, lait, vin, fond…) dans une préparation.

Temps de préparation : 40 min
Temps de cuisson : 1 h
Budget : moyen
Nombre de personnes : 4

PINTADE RÔTIE
AUX FRUITS DU MENDIANT

INGRÉDIENTS

1 pintade de 1,4 kg
2 échalotes
1 carotte
1 gousse d'ail en chemise (avec la peau)
30 g de beurre demi-sel
50 cl de riesling (vin blanc)
sel
poivre

Pour le beurre du mendiant
100 g de beurre doux
30 g de noisettes
30 g de pignons de pin
30 g de noix
30 g de raisins blonds
30 g de figues séchées

COMMENT FAIRE ?

Pour la préparation du beurre du mendiant

1 - Mettre le beurre à température ambiante quelques heures avant son utilisation afin qu'il devienne mou.
2 - Préchauffer le four à 180 °C (th. 6).
3 - Mettre à gonfler dans le vin blanc les raisins blonds et les figues, les égoutter ensuite. Les couper en petits morceaux.
4 - Déposer les noisettes, les noix et les pignons sur une plaque du four et les enfourner jusqu'à ce qu'ils colorent légèrement. Les hacher et les mélanger.
5 - Incorporer les fruits secs hachés, les figues et les raisins au beurre mou, malaxer et vérifier l'assaisonnement.

Pour la suite de la recette

6 - Eplucher, laver et tailler en dés les échalotes et la carotte, les faire suer dans 25 g de beurre.
7 - Décoller délicatement la peau de la pintade sur toute sa surface ventrale sans la déchirer. La farcir ensuite de beurre du mendiant entre la chair et la peau.
8 - Poser la pintade dans un plat du four, y intégrer les légumes préalablement passés au beurre, l'ail en chemise, enfourner 45 min à 1 h à 180 °C en arrosant régulièrement de riesling.
9 - En fin de cuisson, placer la pintade sur une grille recouverte d'une feuille de papier aluminium à l'intérieur du four éteint (pour reposer la chair).
10 - Récupérer le jus de cuisson contenu dans le plat, le placer dans une casserole et le faire réduire jusqu'à ce qu'il épaississe légèrement, incorporer 5 g de beurre, vérifier l'assaisonnement et filtrer.
11 - Sur assiette, dresser la pintade préalablement découpée en morceaux, napper de sauce.

r ô t i r

TECHNIQUE 16
• P. 44

Mots de la cuisine

Napper : recouvrir une préparation de sauce ou de coulis.
Réduire : faire évaporer un liquide en le portant à ébullition pour concentrer les saveurs.

Temps de préparation : 20 min
Temps de cuisson : 10 min
Budget : moyen
Nombre de personnes : 4

PIÈCE DE BŒUF À LA DIJONNAISE

INGRÉDIENTS

4 tournedos de 160 g chacun (bardés dans le filet, de 2 cm d'épaisseur)
4 cl de cognac
2 cuillerées à soupe de moutarde à l'ancienne
1 cuillerée à soupe d'huile de tournesol
25 g de beurre demi-sel
20 cl de crème fraîche épaisse (30 % de matière grasse)
1 botte de ciboulette
4 cuillerées à soupe de poivre
sel

COMMENT FAIRE ?

1 - Ciseler la ciboulette.
2 - Paner les tournedos de poivre concassé (écrasé grossièrement), réserver au frais.
3 - Saisir les tournedos dans de l'huile et 25 g de beurre 2 à 3 minutes sur chaque face selon l'épaisseur de la viande. Les retirer et les réserver sur une grille au chaud. Les protéger avec une feuille de papier aluminium.
4 - Dégraisser la poêle de cuisson et arroser de cognac, flamber ou faire évaporer. Ajouter la crème fraîche, réduire et incorporer la moutarde hors du feu. Rectifier l'assaisonnement.
5 - Dresser les tournedos à l'assiette, verser dessus la sauce et saupoudrer copieusement de ciboulette.

s a u t e r

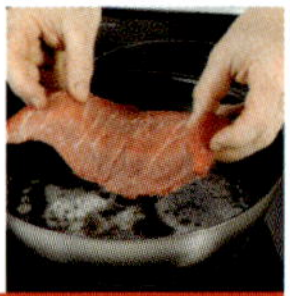

TECHNIQUE 17 • P. 45

Mots de la cuisine

Dégraisser : enlever la graisse d'un récipient, d'un bouillon, d'un jus ou d'une sauce.
Paner : recouvrir un aliment de chapelure ou de fruits secs concassés après l'avoir passé dans une anglaise.
Réduire : faire évaporer un liquide en le portant à ébullition pour concentrer les saveurs.

Temps de préparation : 20 min
Temps de cuisson : 30 min
Budget : moyen
Nombre de personnes : 4

FLAN D'ASPERGES VERTES

INGRÉDIENTS

300 g d'asperges vertes
4 cuillerées à soupe d'huile d'olive
1 gousse d'ail
4 œufs
150 g de crème fraîche épaisse (30 % de matière grasse)
1 pincée de muscade
15 g de beurre demi-sel
1 cuillerée à soupe de vinaigre balsamique
gros sel
sel
poivre

COMMENT FAIRE ?

1 - Eplucher les asperges, réserver six pointes et les cuire à la vapeur ou à l'eau bouillante salée au gros sel. Les rafraîchir dans l'eau glacée. Egoutter.
2 - Couper le reste d'asperges en deux dans le sens de la longueur, les détailler en petits tronçons. Les faire revenir avec une cuillerée à soupe d'huile d'olive et la gousse d'ail écrasée, assaisonner, retirer du feu et laisser refroidir.
3 - Préchauffer le four à 200 °C (th. 6).
4 - Clarifier un œuf.
5 - Casser le reste des œufs dans un saladier, incorporer le jaune, battre en omelette et ajouter la crème fraîche. Assaisonner avec la muscade râpée, additionner les asperges refroidies et égouttées.
6 - Beurrer les ramequins individuels et y répartir la préparation. Mettre à cuire au bain-marie environ 20 min.
7 - Pendant ce temps, réaliser la vinaigrette en mélangeant le vinaigre, le sel, le poivre et trois cuillerées à soupe d'huile d'olive.
8 - Démouler les flans sur les assiettes et décorer avec les asperges réservées préalablement réchauffées à la vapeur, napper de vinaigrette.

cuire à la vapeur

TECHNIQUE 18 • P. 46

Mots de la cuisine

Clarifier des œufs : séparer les jaunes des blancs.
Faire revenir : faire colorer un aliment dans un corps gras très chaud.
Napper : recouvrir une préparation de sauce ou de coulis.

Temps de préparation : 20 min
Temps de cuisson : 10 min
Budget : pas cher
Nombre de personnes : 4

TARTE CARAMÉLISÉE AUX FRUITS

INGRÉDIENTS

1 poire
1 pomme
(reine des reinettes)
200 g de raisin blanc
250 g de pâte feuilletée
50 g de beurre demi-sel
50 g de sucre glace
50 g de sucre semoule
1 gousse de vanille
feuilles de menthe

COMMENT FAIRE ?

1 - Saupoudrer votre plan de travail de sucre glace puis étaler la pâte feuilletée très finement avec un rouleau à pâtisserie.
2 - Tailler des cercles de 10 à 12 cm de diamètre environ avec un bol. Les poser sur une plaque allant au four et laisser reposer au frais 15 min pour que le feuilletage ne se déforme pas pendant la cuisson.
3 - Piquer la pâte à l'aide d'une fourchette.
4 - Préchauffer le four à 200 °C (th. 7).
Faire cuire la pâte jusqu'à ce que le feuilletage caramélise (environ 8 min).
La sortir du four et la mettre en attente sur une grille.
5 - Couper la pomme et la poire en huit quartiers, égrapper les raisins et enlever les pépins.
6 - Dans une sauteuse, faire chauffer le beurre et le sucre semoule. Une fois le sucre fondu, ajouter les quartiers de pomme, de poire et les graines contenues dans la gousse de vanille, remuer pendant 2 min et ajouter les grains de raisin. Faire caraméliser les fruits quelques instants.
Débarrasser dans une assiette et réserver le jus de cuisson.
7 - Placer les fruits sur les fonds de pâte caramélisés.
8 - Napper de jus de fruits tiède, ajouter les feuilles de menthe pour le décor.

p â t e f e u i l l e t é e

TECHNIQUE 19
• P. 48

Temps de préparation : 45 min
Temps de cuisson : 45 min
Budget : pas cher
Nombre de personnes : 4

TARTE BASQUAISE

INGRÉDIENTS

Pour la pâte à tarte
250 g de farine
1 pincée de sel
8 cl d'eau
125 g de beurre demi-sel
1 œuf

Pour la garniture
2 tomates
1 petite courgette
1 petite aubergine
1 oignon
1 gousse d'ail
2 boîtes de thon à l'huile
25 cl de crème liquide
(30 % de matière grasse)
3 œufs
4 cl d'huile d'olive
1 pincée de piment
d'Espelette
sel
poivre

COMMENT FAIRE ?

Pour la préparation de la pâte à tarte

1 - Dans un robot mixeur, déposer la farine, le beurre, pétrir et ajouter le sel, un jaune d'œuf et l'eau. Pétrir rapidement jusqu'à l'obtention d'une boule homogène. Laisser reposer au frais 1 h environ.

Pour la préparation de la garniture

2 - Eplucher, laver les légumes, les tailler en morceaux. Faire revenir dans l'huile d'olive l'oignon, l'ail puis la courgette, l'aubergine, terminer par les tomates préalablement pelées, épépinées. Cuire 15 à 20 min.
3 - Mélanger deux œufs entiers, un jaune, la crème et l'assaisonnement (piment d'Espelette, sel, poivre).
4 - Préchauffer le four à 180 °C (th. 6).
5 - Egoutter le thon et l'émietter.
6 - Etendre la pâte, lui faire épouser la forme du moule, la piquer puis la précuire à blanc 10 à 15 min.
7 - Mélanger le thon aux légumes.
8 - Garnir le fond de tarte précuit de la garniture puis verser la préparation à base d'œufs, cuire au four 30 à 40 min environ (réduire le thermostat à 160 °C – th. 5 – les quinze dernières minutes).
9 - Démouler et mettre sur grille, découper en parts.

p â t e b r i s é e

TECHNIQUE 20 • P. 50

Mots de la cuisine

Faire revenir : faire colorer un aliment dans un corps gras très chaud.

Cuire à blanc une pâte : poser une feuille de papier sulfurisé sur la pâte et placer dessus des légumes secs (ou deux cuillères à soupe métalliques en croix) avant d'enfourner.

La cuisson à blanc permet d'éviter de ramollir le fond de pâte lorsque la garniture déposée est liquide.

Temps de préparation : 1 h 15
Temps de cuisson : 12 min
Budget : pas cher
Nombre de personnes : 4

TARTE AU CHOCOLAT

INGRÉDIENTS

20 cl de crème liquide
(30 % de matière grasse)
150 g de chocolat
(à 70 % de cacao)
5 cl de lait
1 œuf
35 g de beurre doux

Pour la pâte sablée
150 g de farine
100 g de beurre doux mou
75 g de sucre
1 cuillerée à café
de vanille liquide
1 œuf
1 pincée de sel

COMMENT FAIRE ?

Pour la préparation de la pâte sablée (la veille serait mieux)

1 - Mélanger le beurre mou, le sucre, l'œuf battu, la vanille liquide, le sel puis incorporer la farine et travailler avec une spatule. Mettre ensuite la pâte en boule dans un linge humide et réserver au froid 1 h avant l'utilisation.
2 - Etaler la pâte sablée dans un moule beurré et fariné. Piquer son fond et la cuire à blanc pendant 15 min à 210 °C (th. 7). Retirer le papier et remettre à cuire à découvert pendant 10 min.
3 - Pendant ce temps, porter à ébullition la crème et le lait, retirer du feu et passer la crème au travers d'une passoire fine.
4 - Dans un récipient, hacher le chocolat, verser dessus délicatement la crème bouillante et mélanger au fouet. Incorporer ensuite l'œuf puis le beurre. Bien mélanger puis verser dans le fond de tarte cette préparation.
5 - Cuire au four à 170 °C (th. 5-6) pendant 10 à 12 min.
6 - Laisser complètement refroidir avant de déguster.

Suggestion : ajouter quelques morceaux de fraises et des zestes d'oranges pour le décor.

p â t e s a b l é e

TECHNIQUE 21 • P. 52

Mots de la cuisine

Cuire à blanc une pâte : poser une feuille de papier sulfurisé sur la pâte et placer dessus des légumes secs (ou deux cuillères à soupe métalliques en croix) avant d'enfourner.
La cuisson à blanc permet d'éviter de ramollir le fond de pâte lorsque la garniture déposée est liquide.

Temps de préparation : 20 min
Temps de cuisson : 5 min
Budget : pas cher
Nombre de personnes : 4

PIZZA FROMAGIO

INGRÉDIENTS

1 boule de pâte à pizza de 300 g (ou pâte à pain achetée chez le boulanger)
200 g de tomates fraîches
20 g de beurre demi-sel
1 branche de thym
1 feuille de laurier
120 g de mozzarella
40 g de gorgonzola
40 g de chèvre bûche
20 g de cerneaux de noix
2 pincées de cumin
sel
poivre

COMMENT FAIRE ?

1 - Etaler la pâte à pizza.
2 - Préchauffer le four à 250 °C (th. 8-9).
3 - Monder, peler, épépiner et concasser les tomates. Les cuire dans un peu de beurre avec du sel, du poivre, le thym, le laurier. Laisser refroidir. Etaler ensuite la concassée de tomates sur la pâte.
4 - Ensuite, répartir dessus la mozzarella, le gorgonzola et le chèvre coupé en petits morceaux.
5 - Saupoudrer de cerneaux de noix écrasés et de graines de cumin.
6 - Cuire au four très chaud pendant 8 à 10 min en changeant la pizza de sens à mi-cuisson.

p â t e à p a i n

TECHNIQUE 22 • P. 54

Mots de la cuisine

Concasser : écraser grossièrement.

Monder : enlever la peau ou la pellicule de certains fruits et légumes en les plongeant quelques secondes dans de l'eau bouillante et en les rafraîchissant dans de l'eau glacée.

Temps de préparation : 15 min
Temps de cuisson : 3 minutes
Budget : pas cher
Nombre de personnes : 4

CRÊPES AUX POMMES

INGRÉDIENTS

150 g de farine de froment
50 g de farine de sarrasin
120 g de sucre semoule
1 paquet de sucre vanillé
2 œufs
10 cl de lait entier
3 pommes (reine des reinettes)
10 g de beurre demi-sel
sucre glace

COMMENT FAIRE ?

1 - Clarifier les œufs.
2 - Mélanger les farines et les sucres dans un saladier, creuser un puits et y déposer deux jaunes d'œufs.
3 - Travailler la pâte avec une cuillère en bois en incorporant petit à petit le lait et ajouter les pommes râpées. Bien mélanger. (Cette pâte doit être utilisée sans attendre.)
4 - Les crêpes aux pommes doivent être petites et assez épaisses, il est préférable de les cuire dans une petite poêle.
5 - Chauffer une noisette de beurre, l'étaler sur toute la surface de la poêle, répartir une petite louche de pâte et cuire jusqu'à ce que le centre de la crêpe soit ferme, retourner la crêpe et la cuire doucement à nouveau 2 à 3 min.
6 - La glisser sur une assiette, ne pas la plier, la beurrer et la saupoudrer de sucre glace.

p â t e à c r ê p e s

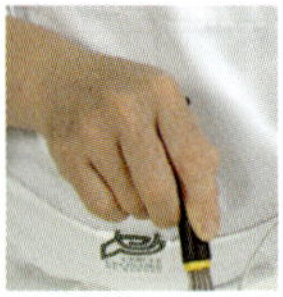

TECHNIQUE 23 • P. 56

Mots de la cuisine

Clarifier des œufs : séparer les jaunes des blancs.

Temps de préparation : 45 min
Temps de cuisson : 1 h
Budget : pas cher
Nombre de personnes : 4

POMMES GRAND-MÈRE

INGRÉDIENTS

4 pommes
(reine des reinettes, elstar)
4 tranches de pain de campagne
4 cuillerées à soupe de miel
20 g de beurre demi-sel
2 cuillerées à soupe de zestes d'orange et citron
1 cuillerée à café de cannelle
2 cuillerées à soupe de sucre cassonade

Pour la crème à la cannelle
25 cl de lait entier
3 œufs
25 g de sucre
1 pincée de cannelle

COMMENT FAIRE ?

1 - Préchauffer le four à 180 °C (th. 6).
2 - Laver les pommes et les évider.
3 - Prendre les quatre tranches de pain de campagne et les badigeonner de miel. Beurrer un plat à gratin et garnir le fond avec ces tranches. Y disposer les pommes et saupoudrer du sucre cassonade.
4 - Prélever à l'aide d'un épluche-légume les zestes d'orange et de citron, les couper en fins bâtonnets. Garnir le centre de chaque pomme de ces zestes et de cannelle. Napper le sommet de la pomme d'une cuillerée de miel. Cuire au four 40 min environ.

Pour la préparation de la crème à la cannelle
5 - Porter le lait à ébullition, clarifier les œufs. Blanchir les jaunes avec le sucre à l'aide d'un fouet et ajouter le lait. Passer à travers une passoire fine. Mettre à cuire en mélangeant jusqu'à ce que la crème nappe la spatule. Ajouter la cannelle. Laisser refroidir.
6 - A la sortie du four, placer sur assiettes et napper de crème à la cannelle.

crème anglaise

TECHNIQUE 24
• P. 58

Mots de la cuisine

Blanchir : fouetter des jaunes d'œufs avec du sucre jusqu'à ce que le mélange blanchisse.
Clarifier des œufs : séparer les jaunes des blancs.
Evider : retirer la partie centrale d'un fruit ou d'un légume.

Temps de préparation : 30 min
Temps de cuisson : 15 min
Budget : pas cher
Nombre de personnes : 4

AUMÔNIÈRES EN SURPRISE

INGRÉDIENTS

4 feuilles de brick
40 g de beurre demi-sel
400 g de fruits frais (ananas, poires ou fruits exotiques)
1 rouleau de réglisse
sucre glace

Pour la crème pâtissière
50 cl de lait
4 cuillerées à soupe de Grand Marnier
1/2 gousse de vanille
4 jaunes d'œufs
100 g de sucre
25 g de farine
25 g de Maïzena

Pour le beurre d'orange
4 oranges
50 g de sucre
80 g de beurre doux

COMMENT FAIRE ?

1 - Laver les fruits, les éplucher et les tailler en dés.

Pour la préparation de la crème pâtissière

2 - Fendre la gousse de vanille en deux et en gratter le contenu. Dans une casserole, placer le lait et les graines de vanille, porter à ébullition. Séparer les jaunes des blancs, puis mélanger énergiquement avec le sucre. Ajouter la farine et la Maïzena. Incorporer le lait par petites quantités pour délayer la préparation. Donner une ébullition en mélangeant jusqu'à épaississement. Refroidir et ajouter le Grand Marnier dans la crème en mélangeant.

3 - Préchauffer le four à 250 °C (th. 8).

Pour la préparation du beurre d'orange

4 - Presser les oranges et amener le jus d'orange et le sucre à ébullition, laisser réduire de moitié. Ajouter, en morceaux, les 80 g de beurre bien froid en fouettant.

Pour la suite de la recette

5 - Faire fondre les 40 g de beurre. Badigeonner de beurre fondu les feuilles de brick à l'aide d'un pinceau. Répartir au centre la crème pâtissière et y disposer les fruits. Fermer l'aumônière et la lier avec un ruban de réglisse.

6 - Mettre au four très chaud durant 1 à 2 min.

7 - Disposer en fond d'assiette le beurre d'orange, saupoudrer l'aumônière de sucre glace et la dresser au centre de l'assiette.

c r è m e p â t i s s i è r e

TECHNIQUE 25 • P. 60

Mots de la cuisine

Réduire : faire évaporer un liquide en le portant à ébullition pour concentrer les saveurs d'un aliment.

Temps de préparation : 30 min
Temps de cuisson : 20 min
Budget : pas cher
Nombre de personnes : 4

AMANDINES AUX POIRES

INGRÉDIENTS

2 poires (williams ou passe-crassane)
1 citron jaune
1 l d'eau
200 g de sucre
1 gousse de vanille

Pour la crème d'amandes
100 g de poudre d'amandes
100 g de sucre semoule
100 g de beurre doux
2 œufs
2 cuillerées à soupe de farine

COMMENT FAIRE ?

1 - Peler les poires, les couper en deux dans le sens de la longueur, les citronner pour éviter qu'elles ne s'oxydent, les évider.
2 - Mettre les poires dans une casserole, ajouter 1 l d'eau, 200 g de sucre, la gousse de vanille coupée en deux dans le sens de la longueur. Cuire à petite ébullition pendant 10 min, éteindre le feu et laisser refroidir les poires dans le sirop.

Pour la préparation de la crème d'amandes

3 - Mettre dans un saladier le beurre ramolli, le sucre semoule, les œufs, fouetter jusqu'à ce que le mélange blanchisse, ajouter la poudre d'amandes. Mélanger vivement en ajoutant la farine.
4 - Egoutter les poires puis les détailler en six ou huit quartiers.
5 - Répartir la crème d'amandes dans des plats individuels, déposer délicatement les bâtonnets de poire dessus. Saupoudrer de sucre et mettre au four à 200 °C (th. 7) 10 min environ.
6 - Déguster tiède.

c r è m e d ' a m a n d e s

TECHNIQUE 26 • P. 62

Mots de la cuisine

Evider : retirer la partie centrale d'un fruit ou d'un légume.

Temps de préparation : 2 h 30
Temps de cuisson : 5 min
Budget : moyen
Nombre de personnes : 4

TARTARE DE FRUITS ROUGES AUX ÉPICES

INGRÉDIENTS

400 g de fraises
100 g de framboises
100 g de mûres
15 cl de crème liquide
(30 % de matière grasse)
30 g de sucre glace
4 feuilles de menthe

Pour le sirop
50 cl de gamay (vin)
1 gousse de vanille
4 grains de poivre noir
3 baies de genièvre
2 clous de girofle
1 bâton de cannelle
2 éclats de badiane
(anis étoilé)
4 cuillerées à soupe
de miel d'acacia

COMMENT FAIRE ?

Pour la préparation du sirop

1 - Fendre la gousse de vanille en deux sur sa longueur.
Porter le vin à ébullition avec la moitié d'une gousse de vanille, le poivre, le genièvre, les clous de girofle, la cannelle, l'anis étoilée et laisser frémir 5 min.
Ajouter le miel et laisser infuser, mettre au frais 2 h puis filtrer.

Pour la suite de la recette

2 - Laver, sécher et équeuter les fraises, les couper en morceaux. Mettre les fraises dans le vin ainsi que les framboises et les mûres.

3 - Gratter les graines contenues dans l'autre moitié de la gousse de vanille, les ajouter dans la crème bien froide, fouetter. Quand la crème commence à changer de texture, ajouter le sucre.

4 - Disposer les fruits rouges dans un cercle (d'environ 8 cm de diamètre) poser dessus la crème fouettée. Lisser la surface.

5 - Dresser sur assiette : retirer le cercle, ajouter un trait de sirop aux épices, décorer avec les feuilles de menthe ou la gousse de vanille et quelques fruits rouges.

crème fouettée

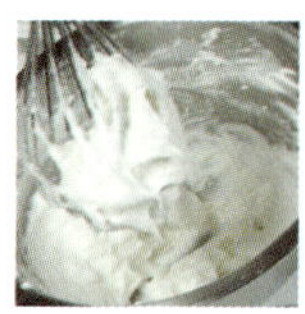

TECHNIQUE 27
• P. 64

Mots de la cuisine

Infuser : mettre un ingrédient dans un liquide de façon à y fixer ses arômes et ses saveurs (crème au thé, menthe-chocolat...).
Porter à ébullition : faire bouillir un liquide.

Temps de préparation : 30 min
Temps de cuisson : 4 min
Budget : moyen
Nombre de personnes : 4

BLINIS À LA NOIX DE COCO

INGRÉDIENTS

1 kiwi
8 kumquats
(fruits exotiques)

Pour les blinis
25 cl de lait entier
4 œufs
40 g de sucre semoule
40 g de farine
15 g de noix
de coco râpée
30 g de beurre demi-sel

Pour le coulis d'abricot
25 cl d'eau
5 abricots secs ou frais
selon saison
125 g de sucre

COMMENT FAIRE ?

Pour la préparation des blinis

1 - Porter le lait à ébullition.
2 - Clarifier les œufs.
3 - Blanchir les jaunes avec le sucre semoule, ajouter la farine tamisée. Incorporer le lait, délayer et filtrer. Cuire jusqu'à la reprise de l'ébullition tout en mélangeant régulièrement, débarrasser dans un saladier.
4 - Monter les blancs en neige.
5 - Mélanger à chaud le mélange précédent avec les blancs en neige puis la noix de coco râpée.
6 - Préchauffer le four à 180 °C (th. 6).
7 - Dans une poêle antiadhésive (à blinis), faire fondre du beurre, étaler la préparation et cuire jusqu'à ce que le blini prenne forme.
8 - Passer ensuite les blinis quelques minutes au four de chaque côté jusqu'à légère coloration.

Pour la préparation du coulis d'abricot

9 - Porter l'eau et le sucre à ébullition 5 min.
10 - Mixer les abricots. Ajouter le sirop et mixer jusqu'à l'obtention d'une purée.
11 - Disposer le blinis sur assiette nappé d'un cordon de coulis d'abricot. Ajouter les fruits exotiques préalablement coupés en rondelles.

b l a n c s e n n e i g e

TECHNIQUE 28 • P. 66

Mots de la cuisine

Blanchir : fouetter des jaunes d'œufs avec du sucre jusqu'à ce que le mélange blanchisse.
Clarifier des œufs : séparer les jaunes des blancs.
Porter à ébullition : faire bouillir un liquide.

Temps de préparation : 20 min
Temps de cuisson : 25 min
Budget : pas cher
Nombre de personnes : 4

CRÈME BRÛLÉE À LA VANILLE

INGRÉDIENTS

6 œufs
75 g de sucre semoule
15 cl de lait entier
25 cl de crème liquide (30 % de matière grasse)
1 gousse de vanille
40 g de sucre cassonade

COMMENT FAIRE ?

1 - Préchauffer le four à 140 °C (th. 5).
2 - Ouvrir la gousse de vanille en deux dans le sens de la longueur et, à l'aide d'un petit couteau, gratter l'intérieur pour récupérer les graines.
3 - Chauffer le lait et la crème avec la gousse de vanille vide.
4 - Clarifier les œufs, blanchir les jaunes avec le sucre et les graines de vanille à l'aide d'un fouet. Verser le lait et la crème doucement en mélangeant. Passer au travers d'une passoire fine.
5 - Disposer la crème dans des plats à œufs.
6 - Placer ces plats sur une plaque du four et ajouter de l'eau à mi-hauteur des plats à œufs afin de les faire cuire au bain-marie. Enfourner et cuire 20 à 25 min.
7 - Sortir du four, laisser refroidir et mettre au frais avant de servir. Saupoudrer de sucre cassonade, brûler la crème en la plaçant sous le gril du four ou en utilisant un chalumeau.

appareil à crème prise sucrée

TECHNIQUE 29 • P. 68

Mots de la cuisine

Blanchir : fouetter des jaunes d'œufs avec du sucre jusqu'à ce que le mélange blanchisse.
Clarifier des œufs : séparer les jaunes des blancs.

Temps de préparation : 20 min
Temps de cuisson : 20 min
Budget : pas cher
Nombre de personnes : 4

FINANCIERS

INGRÉDIENTS

4 blancs d'œufs
80 g de sucre semoule
60 g de poudre d'amandes
20 g de farine tamisée
50 g de beurre demi-sel

COMMENT FAIRE ?

1 - Préchauffer le four à 200 °C (th. 7).
2 - Mélanger les blancs d'œufs non battus et le sucre, incorporer la farine et la poudre d'amandes.
Faire fondre le beurre et l'ajouter dans la préparation.
Mélanger jusqu'à l'apparition d'une texture homogène.
3 - Verser la pâte dans un moule à financiers et enfourner 15 à 20 min, démouler à la sortie du four et laisser refroidir sur grille.
4 - Présenter les financiers dans une assiette.

les petits fours secs

TECHNIQUE 30 • P. 70

LE LEXIQUE CULINAIRE

A

ABAISSER : étaler une pâte à l'épaisseur souhaitée.
ANGLAISE : mélange d'œufs battus, sel, poivre et huile servant à paner.
APPAREIL : mélange d'ingrédients composant une recette.

B

BAIN-MARIE : placer un récipient dans un autre, plus grand, contenant de l'eau plus ou moins chaude afin d'éviter une cuisson à température trop élevée, ou afin de maintenir au chaud une préparation (sauces...).
BEURRE CLARIFIÉ : beurre fondu à feu doux ou au bain-marie, débarrassé de l'écume blanche en surface puis versé au travers d'une passoire fine de façon à retenir le petit-lait. Ce beurre servira pour des cuissons à haute température ou des sauces émulsionnées type hollandaise, mousseline, béarnaise...
BEURRE POMMADE : beurre sorti quelques heures à la température de la cuisine.
BLANCHIR : fouetter des jaunes d'œufs avec du sucre jusqu'à ce que le mélange blanchisse.
BLANCHIR : plonger un aliment dans l'eau bouillante quelques minutes pour enlever l'albumine des viandes (poulet, veau...).
BLANCHIR UN LÉGUME : plonger le légume dans l'eau bouillante quelques minutes pour enlever l'excès d'âcreté ou d'amidon.
BRAISER : cuire lentement au four dans une cocotte, avec un peu de liquide (eau, vin, cidre, fond...).

C

CARAMÉLISER : donner un aspect brun, doré.
CAVIAR DE VANILLE : graines se situant à l'intérieur de la gousse.
CHEMISER : garnir l'intérieur d'un moule.
CISELER : couper en petits morceaux.
CLARIFIER DES ŒUFS : séparer les jaunes des blancs.
COMPOTER : cuire doucement et longuement un légume jusqu'à l'obtention d'une compote.

CONCASSER : écraser grossièrement.
CUIRE À BLANC UNE PÂTE : poser une feuille de papier sulfurisé sur la pâte et placer dessus des légumes secs (ou deux cuillères à soupe métalliques en croix) avant d'enfourner.
La cuisson à blanc permet d'éviter de ramollir le fond de pâte lorsque la garniture déposée est liquide.
CUIRE À FRÉMISSEMENT : cuire à petite ébullition.

D

DÉGLACER : mouiller une préparation avec un liquide afin d'arrêter la cuisson.
DÉGRAISSER : enlever la graisse d'un récipient, d'un bouillon, d'un jus ou d'une sauce.
DÉLAYER : mélanger des ingrédients à l'aide d'un liquide (eau, lait...).
DÉTENDRE : fluidifier une préparation par ajout de liquide.

E

EBARBER : retirer le petit filament situé sur le côté de la moule.
ECALER : retirer la coquille d'un œuf.
ECROÛTER : retirer la croûte d'un fromage.
ECUMER : enlever l'écume pendant la cuisson d'un aliment.
EFFEUILLER : après la cuisson du poisson, détailler délicatement la chair qui se présente en forme de feuillets.
EMINCER : couper en fines tranches.
ESCALOPER : trancher dans le sens transversal.
ETUVER : cuire lentement, à couvert, un aliment dans son eau de végétation avec un corps gras.
EVIDER : retirer la partie centrale d'un fruit ou d'un légume.

F

FAIRE REVENIR : faire colorer un aliment dans un corps gras très chaud.
FILTRER : passer un liquide au travers d'une passoire fine.
FRAISER : rendre une pâte (brisée, sablée) plus homogène, en l'écrasant devant soi avec la paume de la main.

G

GLACER (À BLANC OU À BRUN) : mettre un légume dans une casserole avec du beurre, du sel, du poivre, du sucre, de l'eau à mi-hauteur des légumes, recouvrir d'un disque de papier sulfurisé ou aluminium. Cuire jusqu'à l'évaporation du liquide.
La cuisson à brun correspond à la caramélisation des légumes.
GRILLER À SEC : griller sans ajout de matières grasses.

H

HABILLER : ébarber (supprimer les nageoires d'un poisson cru ou cuit), écailler, vider et laver un poisson.

I

INFUSER : mettre un ingrédient dans un liquide de façon à y fixer ses arômes et ses saveurs (crème au thé, menthe-chocolat…).

L

LIER : faire épaissir un liquide afin d'obtenir une préparation onctueuse.

M

MACÉRER : mettre des fruits dans un alcool pour les parfumer.
MARINER : faire tremper une viande, un gibier ou un poisson dans une préparation liquide très aromatisée afin d'attendrir et de parfumer la chair.

MONDER : enlever la peau ou la pellicule de certains fruits et légumes en les plongeant quelques secondes dans de l'eau bouillante et en les rafraîchissant dans de l'eau glacée.
MONDER UN POIVRON : le mettre dans un plat au four, le recouvrir d'un trait d'huile d'olive, le cuire au four jusqu'à coloration de la peau, laisser refroidir, peler.
MONTER AU BEURRE : ajouter du beurre bien froid en petits morceaux de façon à obtenir une sauce onctueuse.
MONTER UN BLANC EN NEIGE : incorporer de l'air dans les blancs en fouettant énergiquement pour augmenter leur volume.
MONTER UNE CRÈME : incorporer de l'air dans la crème en fouettant de façon à faire développer deux à trois fois son volume initial.
MOUILLER : ajouter un liquide (eau, lait, vin, fond…) dans une préparation.

N

NAPPER : recouvrir une préparation de sauce ou de coulis.

P

PANER : recouvrir un aliment de chapelure ou de fruits secs concassés après l'avoir passé dans une anglaise.
PARER : supprimer les parties non comestibles ou non présentables d'un aliment.
PASSER : filtrer une préparation liquide à travers une passoire fine.
PELER À VIF : couper les deux extrémités de l'agrume et tailler le zeste avec la peau blanche pour obtenir un agrume sans peau blanche.
PÉTRIR : malaxer une pâte pour la rendre homogène.

POCHER : cuire un aliment dans un liquide à une température légèrement inférieure à celle de l'ébullition.
PORTER À ÉBULLITION : faire bouillir un liquide.
POUSSER : laisser gonfler une pâte sous l'action de la levure et de la chaleur (pizza, brioche...).

R

RAFRAÎCHIR : refroidir à l'eau glacée.
RÉDUIRE : faire évaporer un liquide en le portant à ébullition pour concentrer les saveurs.
RÉHYDRATER : faire chauffer la quantité d'eau, ajouter la poudre (fond déshydraté) et porter à ébullition 2 min.
RÉSERVER : mettre en attente une préparation.
RISSOLER : faire revenir.
RÔTIR : faire cuire un aliment dans un four sans adjonction de liquide.
ROUX : préparation composée de beurre et de farine en quantité égale. Il existe trois types de roux : blanc, blond et brun (temps de cuisson différent).

S

SAISIR : exposer un aliment à une température très élevée.
SAUTER : cuire rapidement un aliment dans un corps gras à feu vif.
SUER : faire revenir un aliment dans une matière grasse sans coloration.

T

TAILLER EN BRUNOISE : tailler en petits dés (2 à 3 mm).
TAILLER EN JULIENNE : couper en fins bâtonnets.
TAILLER EN MIREPOIX : couper en petits cubes (5 mm à 1 cm) des carottes, oignons, céleris pour donner du goût aux sauces, aux fonds, aux jus, aux marinades, aux rôtis...
TAMISER : passer un aliment au travers d'un tamis (farine, mie de pain...).
TOMBER : réduire le volume de certains végétaux en les faisant cuire à feu doux avec ou sans matière grasse, sous l'action de la chaleur, ils rendent tout ou partie de leur eau de végétation dans laquelle la cuisson s'effectue sans coloration.
TORRÉFIER : faire chauffer un aliment à sec pour en transformer le goût.

Z

ZESTE : partie supérieure de l'écorce des agrumes que l'on prélève à l'aide d'un zesteur ou d'un économe.

TABLE DES MATIÈRES